U0721956

产教融合背景下创新创业人才的培养研究

李慧　邱健　李莹◎著

中国出版集团　现代出版社

图书在版编目（CIP）数据

产教融合背景下创新创业人才的培养研究 / 李慧，
邱健，李莹著. -- 北京 : 现代出版社，2022.6
ISBN 978-7-5143-9916-5

Ⅰ. ①产… Ⅱ. ①李… ②邱… ③李… Ⅲ. ①高等职
业教育－产学合作－人才培养－研究－中国 Ⅳ.①G718.5

中国版本图书馆CIP数据核字(2022)第119010号

产教融合背景下创新创业人才的培养研究

作　　者	李慧 邱健 李莹
责任编辑	刘全银
出版发行	现代出版社
地　　址	北京市朝阳区安外安华里504 号
邮　　编	100011
电　　话	010-64267325　64245264(传真)
网　　址	www.1980xd.com
电子邮箱	xiandai@vip.sina.com
印　　刷	北京四海锦诚印刷技术有限公司
版　　次	2023 年5 月第1 版 2023 年5 月第1 次印刷
开　　本	185 mm×260 mm　1/16
印　　张	11.25
字　　数	266 千字
书　　号	ISBN 978-7-5143-9916-5
定　　价	58.00 元

前　言

近年来，我国社会各领域对教育部门所倡导的"产教融合模式的创新创业人才培养"持有不同的想法和观点。经过近年来的激烈讨论，产教融合的观念形成了三种：产教融合就是将产业系统全方位融入教育系统中去，让两者相互协同；产教融合是指将单一的教育与产业领域扩大化；产教融合是指让高等教育与产业在更深的层次上进一步合作，相互促进。教育部将以上三种观点统一后形成了"产教融合"的标准定义，所以教育部统一提出精心培养创新创业型人才，全面开发技术，研究进程中相互促进，共同进步和发展的计划。

高校创新创业教育是一项系统化工程，涉及高校对创新创业教育的认知、人才培养的理念、组织体系的完善、制度和经费的保障等方方面面。新时代的应用型高校，如何在产教融合背景下探索适用于高等院校的创新创业人才培养模式及教育生态系统，成为亟待探索和解决的实践性问题。党的十九大报告指出："人才是实现民族振兴、赢得国际竞争主动的战略资源。要坚持党管人才原则，聚天下英才而用之，加快建设人才强国。"高校要把服务地方经济社会发展作为责任和使命，主动融入区域创新驱动发展和产业转型升级，以深化产教融合、校企合作为突破口，创新办学和人才培养模式，努力使人才供给侧与产业需求侧更加匹配，积极探索一条地方性、国际化、开放式、应用型办学道路。

当前中国正处于经济转型的关键时期，推动经济发展模式变革、效率提高的关键在人才，人才培养的关键在于产教融合，在于搭建起教育链、产业链、人才链有机组合的社会人才培养体系。

21 世纪是创新、创业的世纪，创新创业教育是知识经济时代的要求，作为承担高等教育重任的大学，理所当然要积极应对，改革人才培养模式，培养大学生创新意识和创业教育，迎接新世纪的挑战。构建适合高校大学生创业教育教学和实践的体系，引导大学生积极创业，将是高等院校主动适应社会需要，是高等学校教育当前的重要任务。本书从产教融合的基础介绍入手，针对创新创业教育的必要性以及创新创业人才培养体系的构建与保障机制进行了分析研究；另外对创新创业教学质量、课程体系建设做了一定的介绍，对从事创新创业人才培养的研究者与工作者有学习和参考的价值。

目　录

第一章
产教融合的理论基础

第一节 产教融合的构想界定

一、产教融合

（一）产教融合的含义

产教融合作为一个新出现的相关构想目前尚无统一的定义，通过调研发现，在我国最先提出产教融合的是江苏无锡市技工学校，该学校是高校教育的典型代表。产教融合最早由高校提出，并且在高校根据其人才培养特点提出，现在已经扩展到各个层次的教育之中。江苏无锡市技工学校之所以提出产教融合与其自身的发展探索密不可分，他们在办学过程中结合高校人才培养的特殊性和时效性对已有的教学方案和人才培养进行了专门的改革，该学校通过不断的改革与探索提出了一个重要的论断："千方百计寻求与生产实习紧密结合的产品，以提高学生的产教融合的水平意识、产品意识、时间观念及动手能力。"在调研中了解到，上面所提到的产品就是学生实习，虽然从范围和层次上来说这个相关构想所涉及的面比较狭窄，但毕竟是中国高等教育第一次提出了产教融合这一全新的相关构想，产教融合非常符合时代发展要求和人才培养要求，已经逐渐成为各个层次人才培养的重要环节。

产教融合对于学生、学校、产业和社会来说是一个多方共赢的机制，尤其是对于学生来说，既能够提升专业能力又能够为以后立足社会提供保障。传统的高等院校虽然给学生提供了实习的条件和场所，但是由于各种条件的限制导致了实习缺乏针对性和激励性。产教融合中有大量的实习、实践机会，而且这种实践项目是经过专门设计的和有针对性的，与在校期间所学知识有着重要的联系。传统的高等院校学生实践的一个很大弊端就是缺乏针对性，这导致了学生所学与所用之间无法实现无缝对接，而产教融合能够弥补传统实践存在的缺点。

产教融合的学生实践就是把课堂所学到的知识应用到实践之中，在课程设计上就存在着对应性，这是一个非常好的现象。产教融合会涉及每一门课程，从专业培养目标入手，学校与企业在充分合作的基础上共同制定培养目标和课程标准。所涉及的骨干课程均是理论与实践高度相结合，这就可以让学生带着问题学知识，并且在实践中解决问题。形成了一个遇到问题、解决问题的良性循环。通过产教融合培养出来的学生，在动手能力和解决问题的能力方面具有更强的优势，他们可以更加灵活地对问题进行分析并且选择合理的方式解决。这种人才培养模式的改变还在很大程度上改善了学生的三观，从而培养出更多能够为建设社会主义服务的优秀人才。不仅如此，产教融合还会激发出学生创造、创新的愿望和热情，激励他们在实践中不断探索、不断创新，而这种创新意识、创新能力、创新人才的培养正是我们高等教育的办学方向。

产教融合不仅可以让企业参与其中，而在有条件的学校，其也可以自己创办企业，以学生为主体进行发展。学生在整个过程中可以取得一定的报酬，这在客观上也为学生工读结合、勤工俭学创造了条件，还能够解决贫困学生的学费和生活费用问题，为精准扶贫提供支持和保障。

产教融合在更大层面上能够为助推地方经济发展提供专门的服务，因为我国的高等院校多为地方性的，其最主要的作用就是服务于地方经济发展。我国当前的高等教育是以就业为导向的教育，在社会主义市场经济制度之下主要以培养技能型人才为主要目标，技能型人才的特点非常明显，培养的是生产、建设、管理和服务第一线需要的高技能人才。这类人才具有鲜明的职业性、技能性、实用性等岗位特点——简单地说就是工作在第一线，懂技术、会操作、能管理的技术员。

产教融合的培养思路也正是在上述背景之下产生的，为了满足需求而改进相应的教育策略，这是我国教育不断改革、发展和完善的重要体现，也应当受到更加广泛的关注。产教融合的重要参与对象是企业，在融合的过程中要格外注重对企业需求的满足。只有充分调动企业的积极性和资源，才能实现产教融合效果的最大化。据调研显示，当前进行产教融合的企业多数为生产制造型企业，这对学校提出了新的要求，学校也应针对企业所需的产品与技术进行开发，以实现学校培养人才、研发产品和技术服务的三大功能。为使企业需求与学校教学无缝衔接，与技术发展方向合拍，就必须依靠和吸收企业技术骨干、学者专家参与培养目标的研讨、教学计划的制订。产教融合的基础是"产",即必须以真实的产品生产为前提,在这样的基础和氛围中进行专业实践教学,学生才能学到真本领,教师才能教出真水平。这样的"产"不能是单纯的工厂生产,必须与教学紧密结合,其目的是"教",在产教融合比较成熟的情况下,再逐步向"产、学、研"发展。学校真正形成了"产、学、研"的能力,职业学校适应了市场的需要,形成的发展能力就落到了实处,做强做优也就有了基础。

目前已经有的产教融合主要是根据学校和企业的情况双方进行深度融合,正如前面所提到的全社会还没有形成一套完整的、可以通用的经验。对已经完成的调研总结出当前教育界比较常用的一些做法。产教融合的发展实际上是经历了一段时间的摸索,学校和企业在探索中寻求最佳的解决途径。在产教融合中学校和企业始终坚持"双赢"原则,实施责任共担,这就形成了一种具有约束力的制度保证。一些比较主流的做法就是引入社会上管理和技术较为先进的企业,企业愿意加盟校企合作,通过利用该校的设备,进行产品生产,在生产过程中引入教学内容,校企共同制定产教融合的实施性教学生产计划,让教师学到技术,让学生加入生产,让生产产生效益,学校和企业共同发展,共生共荣。

在经济发展的大背景之下,应用型本科也应运而生,并且加入高等教育的大家庭。在实践型人力资源理念的指导下,培养合格师资的任务将会更加艰巨。应用型本科要想实现发展目标就要提升校企合作的产教融合的水平、增加校企合作的数量。经济的发展和社会的进步对教育提出了更高的要求,这种要求主要体现在对人才产教融合水平的要求不断提高。应用型本科要能根据社会经济发展的需要灵活调整人才培养方案,提供满足经济社会发展需要的社会服务,并能开展科学技术研究,为相关行业提供前沿的技术指导,为社会经济的发展提供技术支持。总之,应用型高校要不断调整自身的发展方式以适应经济发展的需要,并且争取成为经济发展的助推力量。正是基于此,在社会主义市场经济背景下,高等职教"产教融合"是一种产、学、研"三位一体"的融合模式,不仅具备教育和企业的多种功能,还具备随时应变产业结构调整和参与市场竞争的能力,是在学校、企业、行业以及社会相关部门的不同程度参与下形成的一种新的社会组织结构,肩负着助推高等教育改革和社会经济发展的重任。从这个角度来说,产教融合的发展在很大程度上会影响经济发展,进而也会影响第二个一百年目标的实现。

（二）产教融合的特点

1. 立体式融合

社会主义市场经济追求的是多元化，产教融合服务于社会主义市场经济，所以其发展的路径也必然要受到社会主义市场经济的影响。产教融合在发展中也更加注重立体式的融合。立体式融合区别于平面融合，从融合的层次来说校企合作属于层次比较低的融合，也就是平面融合。产教融合是高层次的融合，可以说是立体式的融合，它打破了原有单一合作或双项合作的局限，在产、学、研三方面进行全面、深入的合作，融合后的组织结合了生产、教学和科研的特点，不仅自身是生产的主体，具有企业创造经济效益的功能，而且能提供产业发展需要的专业技术人才，为产业的可持续发展提供源源不断的智力支持。通过对比产教融合培养出来的人才与传统模式培养出来的人才，就可以发现二者存在着比较大的差异，产教融合模式下培养出来的人才具备更强的可持续发展能力。从另一个角度来说，企业的需求也能为学校的教育教学改革提供方向和目标，保证了高等教育能满足行业需要。融合的组织能科学配置内部资源并开展基础研究、应用研究和开发性研究，为产业发展提供有力的技术支持，为学校教育内容的更新提供最前沿的信息资源，保证了教育与时俱进。三者融合在一起，形成一个良性的循环体系，开展教学、科研、生产等服务活动，在促进内部发展的同时，不断向外辐射，发挥其更大的社会效应和作用。这种立体式的融合对于经济发展和社会进步都有着非常重要的助推价值，反过来也促进了教育的发展和进步。

2. 社会主义市场经济产业化发展的融合

社会主义市场经济产业化发展是指某种产业在社会主义市场经济条件下，以行业和企业的真实需要为导向，以实现效益为目标，依靠专业服务和产教融合的水平管理形成的系列化和品牌化的经营方式和组织结构。其基本特点是：面向市场、行业优势、规模经营、专业分工、相关行业配合、龙头带动、市场化运作。对于不符合市场需求的项目，要遵循市场进退机制，及时终止不必要的投入，避免产教融合运作过程中机制的片面性。所以，社会主义市场经济产业化发展的产教融合是一种面向市场需求的融合，在产、学、研三方面做大做强，分工合作，强强联合，能创造出良好的市场发展前景。具备其他组织无法复制的竞争优势，形成自己的品牌，在市场中具备核心竞争力。并且能形成一定的规模，带动其他合作项目不断深入开展，严格按照市场规律来开展活动。

3. 以企业需求为出发点

教育是以培养人才为主要目标的，早期的教育在人才培养中不是十分注重与企业之间的对接，产教融合在培养目标方面领先于传统的教育，产教融合的出发点是企业的需求。企业参与到人才培养的全过程之中，能够将自身的需求以最大化的形式表达出来，并且在课程设计中逐个满足。在传统的高等教育产教融合实践过程中，搞形式、走过场、学校"一头热"的现象并不少见，每所高校在产教融合实践中都会遇到。通过分析可以发现，导致这种现象出现的原因很多，主要是双方在合作的早期并未找到能够让彼此共赢的路径。而很多企业迫于政策的压力或是学校的单方意愿，在没有找到双方合作的需求点时就盲目开展形式上的校企合作，合作之前双方缺乏严谨的调研。

这样的产教融合违背了社会主义市场经济的需求导向，不可能产生有益的效果。真正实现产教融合的组织，能够以企业、学校和相关合作部门的需求为前提，结合各种市场正在发生的变化，明确市场的供需状况，确定各自的实际需求，寻求利益结合点开展相关合作，在满足自身需求的同时，能为市场的供给和需求的均衡做出一定的贡献，并能根据供给和需求的均衡变化，调整自己的需求发展战略，这样不仅解决了合作的随意性、被迫性问题，也提高了合作双方的积极性与主动性。

二、实践型人力资源

实践型人力资源是根据社会发展的需要而出现的新生事物，实践型人力资源主要是指能将专业的技能和专业的知识应用于所从事工作的一种具有更强动手能力的人才，实践型人力资源需要熟练掌握企业工作所需要的基础知识和基本技能，实践型人力资源主要是指一线从事操作的专业技术人才。主要从事一线生产的技术或专业人才，其具体内涵是随着高等教育历史的发展而不断发展的。总之，实践型人力资源是具有实际技能的人，是能把理论应用于实践的人才。实践型人力资源培养要以能力的培养为中心，突出培养每个学生的思考、掌握、应用知识的能力为主要方针，以让学生未来适应社会的需要、适应经济发展为主要目标。地方工科院校中的实践型人力资源指的是使用型比较强的、大众化的、本科层次的技能人才。按照行业领域、学科专业、教育层次、岗位职位等不同的分类标准，可以将人才划分为不同的类型，我们把从事揭示事物发展客观规律的科学研究人员称为研究型人才，而把将科学原理应用到社会实践并转化为产品的工作人员称为应用型人才。这种人才的能力体系也是以一线生产的实际需要为核心目标的，在能力培养中特别突出对基本知识的熟练掌握和灵活应用，比较而言，对于科研开发能力就没有了更高的要求。实践型人力资源的培养过程更强调与一线实践知识的传授的结合，更加重视实践性教学环节，如实验教学、生产实习等，通常将此作为学生贯通有关专业知识和集合有关专业技能的重要教学活动，而对于研究型人才培养模式中特别重视的毕业论文，一般就不会有过高的要求。实践型人力资源和其他人才相比，属于一种中间人才，既有一般人才应具有的理论知识，同时又必须有较强的理论技能，这样的要求是比较高的。

与其他类型人才培养模式相比较，实践型人力资源培养模式主要有以下特点：

第一，这种人才的知识结构是围绕着一线生产的实际需要加以设计的，在课程设置和教材建设等基本工作环节上，特别强调基础、成熟和适用的知识，而相对忽略对学科体系的强烈追求和对前沿性未知领域的高度关注。

第二，构架出一套完善的人才知识、思维、能力、素质全面发展的结构，优化专业教学计划，整合学科教学内容，为我国培养出更多、更出众的一专多能型实践型人力资源。同时，不同层次的实践型人力资源在培养定位上也是不同的。总之，实践型人力资源主要是应用知识而非科学发现和创造新知，社会对这种人才有着广泛的需求，在社会工业化乃至信息化的过程中，社会对这种人才的需求占有较大比重，应该是大众化高等教育必须重视的人才培养模式，也正是这种巨大的人才需求，才为高校的发展提供了广阔的空间。这种人才同样需要经历一个复杂的培养过程，同样也能反映一所学校的办学水平。

此外，高校注重产教融合的水平和达到的高度的原则不仅体现在高校自身专业设置、教学层面、管理产教融合的水平等微观方面，还体现在高校在宏观上将产教融合办学模式提高到一定层次，提高为学生、行业企业、政府及社会经济发展服务的能力。同时，不能不顾实际，盲目地与企业合作，为了产教融合而产教融合。高校要避免片面追求合作行业企业的数量、合作的规模以及合作的速度等短视行为，应在保持自身优势资源、提高自身产教融合的水平的同时，注重提高与行业企业、商业协会以及培训机构等多方主体合作的产教融合的水平及合作的深度，注重与地方政府、行业企业、商业协会等主体形成互利共赢，注重可持续和长远发展，注重兼顾社会效益和经济效益的合作关系。

三、产教融合生态圈

产教融合生态圈主要在于把产业、教育、社会发展等相关利益群体融合到一起，从而构建出一个全新的事物，即产教融合生态圈，这一生态圈的构建有利于助推整体教育水平的提升。

生态圈即生物圈，在整体生态中，不同物种在物质形态上以群体的形式共存于整体生态的大环境中，群体之间构成特定的关系链条，在这个圈内按一定的规划实现相互储存。产教融合生态圈是指高等院校以自身为主体，在地方政府的支持下，围绕地方产业经济发展，积极与地方工业园区开展深入的战略合作。地球上所有的生物与其环境的总和就构成了生物圈。生物圈是所有生物链的统称，它包含了生物链上所有生物、生态环境和生态系统等，又分为森林生态系统、草原生态系统和湿地生态系统等。生态圈具有可持续性、相对稳定和自动平衡等特性。产教融合生态圈的构建有利于教育水平的进步，需要多个部门的协同参与。通过政府部门的统筹参与，一方面为高校进行校企合作搭建平台，另一方面为企业参与校企合作出台更多鼓励政策。在此过程中，高校为地方区域经济发展提供智力驱动，企业为区域经济发展提供经济驱动。通过校企合作，高校人才培养产教融合的水平得以提高，学校抓住市场的脉搏，办学形成特色，同时也使更多的社会资源转化为教学资源；企业急需实践型人力资源缺口得到填补，企业经济效益得以提高；区域经济得到较好发展，地方政府经济实力得到较好提升；促使学校与企业开展更深入与全面的各种类型合作，构建一个稳定、持续和高效的合作关系，从而形成一个共生共赢的产教融合生态圈。

四、产教融合的构建原则

（一）多主体原则

产教融合需要多个主体参与其中，这个原则已经被证明为一个非常重要的原则。高校实施的大学生双创教育涉及政府、学校、行业与企业、学生、社会五大主体，他们在产教融合中实施高等院校的大学生双创教育承担相应的职能，双创教育也是一个重要的主体，参与到产教融合之中，助推了产教融合的向前发展。全社会要通过舆论的倡导和创业文化的弘扬，促进整个社会民众的心理意识、思想观念、行为准则、习惯以及价值观的转换。同时，让社会力量参与高校的大学生双创教育督导评估工作，形成全社会的推进合力。作为推进校企一体化协同育人模式的另一个执行主体，它们应该与高校对接，形成两个执行主体的合力。要改革校企共建的就业前实践的专门基地建设机制，从资金、设备、场地上为高校大学生创业实践提供硬件条件，使其在现代企业管理的真实环境中掌握社会主义市场经济运作的技术，在职业技能培养中同步培养创业素质。高校大学生要转换思想观念，提高双创教育在个人成长成才和促进就业及助推社会经济发展中作用的认识，将其内化为自觉行动。在高校教育产教融合中，注重培养产教融合的水平原则包括注重高校自身人才培养产教融合的水平和产教融合培养产教融合的水平，高校人才培养产教融合的水平影响着产教融合培养产教融合的水平。

第一，政府是高校的大学生双创教育的领导和管理主体。高校的大学生双创教育发展顺利很大程度上取决于政府的支持与助推。正是基于此，国家在宏观层面上政策引领、措施落实、监督和服务体系的搭建都是非常重要的，必须通过出台法律、法规和政策来引导支持和促进高等教育与行业企业深度融合，发展高等院校的大学生双创教育。

第二，学校是高校大学生双创教育的主要执行主体。高校发挥着为社会提供创业创新人才的主导作用，承担了高校大学生双创教育最重要的角色和职能。

第三，行业和企业是高校大学生双创教育的对接主体和受益主体。具有创业创新素质的高端技能人才，将有力地提升生产力，助推产业创新和转型升级，提高企业的竞争力和效益，最终使行业和企业受益。

第四，学生是高校大学生双创教育的学习主体和受益主体。

第五，社会是高校大学生双创教育的参与主体和监督主体。

（二）自组织原则

产教融合的发展在探索时期主要是依靠学校和企业的自组织发展，在这样的发展过程中，自组织发展逐渐成为一种共识，自组织是指客观事物自身的结构化、有机化、有序化和系统化的过程。高等院校的大学生双创教育各实施主体开展高校大学生双创教育包含自组织行为，具有自组织演变的特性。政府只有在逐渐意识到产教融合发展需要进行调控的时候，这种自组织原则才逐渐被打破。在高校教育产教融合过程中运用产教融合的水平原则，用符合性、适用性及经济性三个层次去检验产教融合人才培养的水平情况。用符合性检验人才培养与市场用工需求间的匹配程度；用适用性检验所培养的人才是否适应行业企业相应岗位的具体工作；用经济性检验人才将创造的经济效益情况。在这里有必要论述高校发展的特点，主要有以下三个特点。

第一，高等院校的大学生双创教育具有开放性特点，创业能力培养要求突破以往教育体系的封闭性，与社会进行开放式互动教学。

第二，高等院校的大学生双创教育过程具有复杂性，涉及高校和行业、企业不同的专业群、产业类型、规模大小、技术含量、管理方式等多种因素，在教学、科研、生产、管理、市场等多方资源相互作用下，各主体教育过程自组织机制同样具有复杂性和关联性，因而高等院校的大学生双创教育机制形式也应具备多样性，即分类组织，分类指导，分类实施。

第三，高校创新大学生双创教育具有自发性特点，它处于经济社会发展的宏观环境之中，是动态开放的系统，各实施主体结构通过与外部环境的交换，获得自组织演化需要的各种资源和能量，然后通过组织内部各个要素的交互作用，获得自组织演化的核心能力，从而使高校的大学生双创教育机制能够自发调节、自我完善，实现从稳定到不稳定，再到稳定的连续有序发展。

（三）协同性原则

与自组织原则相对应的就是协同性原则，产教融合在探索阶段主要依靠的是自组织，随着发展的深入，各个利益群体需要进行协同发展，因此，协同性原则便应运而生。我们要借鉴协同教育理念，探索政府、行业与用人单位和高校之间整体与部分、各要素或子系统间的协同作用，增强高等院校的产教融合多主体协同性。协同开展高校的产教融合的关键是协同五个主体尤其是政府、行业与企业开展高校的产教融合的积极性、主动性。政府要完善法规政策，强化制度的约束力和系统的政策激励；高校要不断提升服务社会的能力，增强协同行业和企业全方位支持和参与其高校的产教融合的吸引力，提供更多的合作桥梁和纽带；行业和企业要以人才培养为己任，突破仅限于学校主体资源要素利用的协同瓶颈，积极参与扶持校企协同开展高校的产教融合，为学校开展产教融合提供更多资源平台和合作空间；全社会都要强化对高校的产教融合意义的宣传，提高全社会包括大学生对高校的产教融合的认知度和参与度。要协同目的、协同内容、协同资源、协同时间、协同各主体的责任和成果分担，从而构建政府有效宏观管理、行业与企业主动对接、社会广泛参与、学校主导、学生执行的高等院校的产教融合机制。

产教融合的水平是组织机构、体制机制等事物发展的根本前提和动力。在评价事物产教融合的水平时涉及符合性、适用性及经济性三个层面。高校教育人才培养与市场用工需求间存在较大差异的原因包括：一方面，广东省作为产业经济发展迅速、产业转型升级较快的地区，其技术技能更新迅速，行业企业对人才的要求是不但要具备较高的技术技能，而且要具备不断学习和提升自身技术技能的能力。高等教育作为以育人为本的教育活动，培养周期较长，难以跟上行业企业的更新速度。另一方面，受社会文化及历史传统因素影响，高校的认可度不高，生源产教融合的水平不高。在一定程度上，由此形成的学习风气与动力不强，学生缺乏内在学习动力、外在学习的风气与动力，使高校人才培养产教融合的水平难以提高。但是，高校也只有提高教育教学产教融合的水平，提高毕业生社会影响力，才能提高自身社会地位，吸引行业企业参与，提高高校教育产教融合的合作深度。

（四）共享性原则

如今共享经济已经成为社会经济发展的重要组成部分，共享性原则也成为产教融合的重要原则。产教融合、产学合作开展高校的大学生双创教育，共同培育创新创业人才，国家、学校、行业与企业、学生都是受益者。要注意发挥市场对资源配置的作用，建立政府激励机制、互惠互利的动力机制、共生发展的利益分享机制，使各主体做到责任共担、利益共享，助推高等院校的大学生产教融合有序发展。产教融合是现代高等教育的重要特点，也是建设现代高等教育的非常重要的制度，从"产学融合"到"产教融合"，描述了我国产教融合向深度和广度发展的趋势，为创新高等院校的大学生双创教育机制提供宽广路径。我国已在相关高等教育法中提出：要建立健全适应社会主义市场经济发展需求的高等职业技术教育制度，市场性成为高校教育的天然和必然属性。同时，在一定程度上，高校教育人才培养是否具备"市场性"、是否符合市场发展需求成为评判高校教育教学产教融合水平的标准之一。明确国家相关部门、行业协会、大型职教集团、企事业单位在合作开展高校大学生双创教育中的主体地位，赋予它们参与管理的权利和责任。组织媒体宣传国家支持和鼓励创业的政策与对策，大力宣传开展高校大学生双创教育的先进典型，形成全社会尊重创业、认同创业、参与高校的大学生双创教育的意识。高校应在现有传统高等教育课程基础上，突出和强化大学生双创教育的理念和内容，以系统方法论为指导，以培养学生综合职业能力和可持续发展能力为培养目标，将高校课程划分为基于工作过程和基于社会生活两大部分。把高校的大学生双创教育作为一种人才培养制度在顶层设计上加以定位，系统构建产教融合实施高等院校的大学生双创教育的国家制度。产教融合实质是教育与产业的融合，政府和市场是助推产教融合与学校和企业合作的两大基本力量。正是基于此，在助推产教融合制度下的高校的大学生双创教育，要发挥政府的主导作用，尊重市场在学校和企业合作中起决定作用的规律。在组织领导体制建设上，要改变教育行政部门单一推行高校的大学生双创教育的管理制度和模式，借鉴国家多部委联合推进就业工作的领导体制，打破行政部门间的壁垒，争取行业部门和政府部门的支持，自上而下建立产教融合推进高校的大学生双创教育相关部门协调联动的组织架构。专业教育与高校大学生双创教育的融合，是两种教育目标的融合，集知识教育与素质教育于一体，其契合点是学生创业素质和职业技能培养并重，建设和完善高校的大学生双创教育与专业教育融合一体化的课程体系具体如下。

一是构建基于社会生活的素质教育课程体系，完成通识教育，将高校目前以选修课形式出现的创业课程融入素质教育的公共课程之中，以学生职业岗位将面临的典型社会生活的问题、情景、事件、活动和矛盾为内容，开设生活通识与通用技能类课程、就业创业类课程、审美和人文类课程、身心健康类课程、思想政治类课程。

二是构建基于工作任务导向的专业课程体系，将创业要素融入专业课程目标，根据学生工作面临的典型工作任务的对象、工具、方法、组织和要求，开设公共平台课程和专业方向课程，从而形成包含高校大学生双创教育的素质教育与专业教育一体化的新型高校课程体系，最终达到提升学生综合职业能力和可持续发展的目的。学校和企业共建校内产学合作平台，一般都有学校和企业合作的背景，老师或企业带训人员都有创业实践经验。

高校的大学生双创教育实践教学只有根植于专业教育的实践，在专业实践中映射高校大学生双创教育，才能真正实现两种教育在实践环节的结合。要发挥市场在资源配置上的调节作用，引导学校和企业发现培养高校大学生双创教育合作的利益共同点，助推产教融合开展高校大学生双创教育从现在的感情机制向市场利益机制转变，从而建立长效合作机制，逐步使行业和企业成为实施高校大学生双创教育的另一个主体。

目前，校外专业实训平台需加强向高校大学生双创教育的渗透。当前高校均与企业签订合作育人协议，合作中的就业前实践的专门基地一般只作为学生短时间的就业前实践场所或以就业为目的的岗位实操场所，学生只能接触与专业技能相关的实训，学生创业实践无法在校外实训中落实。在构建高校大学生双创教育实践教学体系过程中，要改变传统的以高校第一课堂为主没有系统性的实践教学模式。以产教融合、学校和企业结合为依托，从行业、专业、地域特点出发，以培养具有扎实创业知识、较强创业实践能力和创新创业精神的创新型技能人才为目标，将人才培养与社会服务及产品设计开发紧密结合，将教学过程与项目实施过程融于一体，将学生的专业实践和创业实践融合，构建"一线三平台"学校和企业协同的高校大学生双创教育实践模式。"一线"是指以岗位职业能力为主线，"三平台"是校内实训平台、学校和企业共建校内产学合作平台企业驻校研发中心、教师工作室、学生创业工作室等和校外实践平台三级平台，为学生优质就业、成功创业铺平道路。在校内实训平台建设中，要改变开设商业一条街、创业实践训练项目游离于学生专业实践单一的做法，不能将高校大学生双创教育活动简单与第二课堂活动画等号，要在第一课堂专业实践教学中增强创业实践活动与学生各自专业教育的关联性和相容性，将专业实践向创业实践延伸，创新人才培养模式。对于有创业意愿的学生，学校负责提供项目来源、教师技术指导和免费办公场所等支持建立创业工作室，挂牌后参照公司模式由学生独立运作。此外，基于市场性出发，高校教育产教融合的发展过程应是高校与行业企业等多元主体间资源的相互利用和相互依赖的过程。高校与行业企业等多元主体间应基于互补性稀缺资源，形成互利互惠、相互依赖、共同发展的良性动态互动关系。在产教融合制度下，政府应加强宏观管理，改革就业前实践的专门基地建设机制，改变创业孵化基地建设与高校就业前实践的专门基地建设两张皮的现象，鼓励行业龙头企业将最新技术和设备投到学校和企业共建的实训平台，同时担负起创业孵化平台的责任，使其既服务于产业链企业又服务于同类高等院校，既服务于高校的专业教育又服务于高校的大学生双创教育，积极构建良性运转的区域性资源融合平台，创新就业前实践的专门基地投入方式，对行业企业投到实训平台的技术和设备给予适当经费奖励，完善健全产教融合培养具有创新创业素质的高端技能型人才机制。产教融合、学校和企业协同建立高校大学生双创教育与专业教育融合的校外实践平台，是高校开展大学生双创教育的重要保障机制。在推行项目教学、案例教学、工作过程导向教学等模式中，培养学生的创新创业素质和专业技能。正是基于此，要推进学校和企业全过程培养人才，创新岗位实操方式，高校在与企业签订就业前实践合作协议时要与企业共同制订完善的培养计划，注重利用企业资源，增加学生企业经营运作的知识和技能，明确培养学生创业素质的路径和实施办法，确保学生在获取职业实践经验的同时，同步提升创业素质。学校和企业要协同建立各平台对工作任务或项目实施的规范、监督和信息反馈与评价的机制，实现人才培养模式的升级。正是基于此，高校应在行业企业等多元主体利用和依赖高校设备与学生等优势资源的同时，对企业、商业协会、政府等相关部门的优势资源加以利用，如利用人力资源和社会保障局的统计数据，借助第三方机构分析劳动力市场人才需求情况、高校人才与市场需求间匹配情况，预测未来人才需求情况，实现产教融合的水平和达到的高度的提高，实现合作的持久开展，实现"产""教"的共同发展。

目前，以高校的创业中心为主要依托，已重点建设一批"高校学生科技创业实习基地"、省市级大学生创业实习和孵化基地。高等学校也陆续建立大学生创业实习或孵化基地，但还处于起步阶段。这些基地的建设以政府和高校自身投入为主，还没有形成行业和企业参与的机制，产教融合度低，基地的辐射示范作用发挥不充分。作为高校教育产教融合合作主体之一的行业企业受诸多主客观因素的影响，包括行业企业内产品生产和社会服务、政府相关政策法规的不完善等因素影响，企业参与产教融合热情不高。为吸引企业的参与，赢得发展资金，高校需主动与行业企业靠近，在改善自身人才培养产教融合的水平的基础上，争取提高企业参与高校产教融合的积极性和主动性，承担更高的产教融合潜在风险，承担更多的产教融合任务和职责。地方政府要进一步加强对高校的经费投入，继续加大高校的大学生双创教育建设力度，高校应有针对性地建立学校和企业一体的专业和创业实验就业前实践的专门基地，引进模拟实训软件，成立模拟公司，为学生参与创业实践提供根本保障。

毋庸置疑，高校教育的发展与产业经济的发展密切相关，高校教育的发展源于经济社会的发展需求，又助推着经济社会的前进与发展。当前，我国实行社会主义市场经济，要求高校教育的人才培养活动置身于市场环境中。同时，高校教育作为一种教育类型，应保持自身的相对独立性和特殊性，确保所培养的毕业生是具备创造价值的人力资源，而不能被简单地等同于普通的资源或商品。这不仅直接关系到毕业生能否符合市场需要、能否为企业创造价值、能否促成产教融合的持续发展，也关系到毕业生就业情况及职业生涯发展状况以及高校自身的生存状态与发展前景。

第二节　产教融合的理论基础

一、杜威的从做中学理论

美国著名教育学者、专家杜威在教学的过程中会把教学的过程看作一个"做的过程"。他认为，人们"做"的兴趣和冲动都是以人为主体的。人们知识经验的来源基本上是基于主体与客体经验的总结。正因为如此，他强调学校在教育的过程中应该设置成类似于雏形社会的地方，即是开设好各类工厂、实验室、农场、厨房等，让学生们能够在学校这个"小型社会"环境之中学习好自己所感兴趣的专业和课程。为此，他还提出了在教学的过程中要安排和编创好实践生产场景的教学方式，即在场景教学之中，激发好学生们的创造性思维，根据资料策略从场景活动中入手，解决好学生们在场景活动中所遇到的问题。这就是杜威所提出来的"从做中学"的教学理论。从杜威对整个教学的主张来看，他主张学生们需要在学校里获得生活和工作中的全部知识，他的这种教学理论对当时社会教育来说具有很好的创新性，缺点是在其开展的过程中有一定的局限性。但在对地方工科院校产教融合培养实践型人力资源的研究中，产教的深度融合需要真正把产业与教学对接，强调了"做"与"学"相结合的重要性，工科型地方类院校在实践型人力资源的培养上要把理论与实际对接，加强实践、加强学生动手能力，杜威的"从做中学"理论贯彻了从做中学、从经验中学，要求以活动性、经验性的主动作业来取代传统书本式教材的统治地位。他的

"从做中学"理论贯彻到我国的教育方面，将对我国教育中的管理理念、师生关系、教学方法、教学的评估方式等都具有非常深远的指导意义。

现代美国教育家杜威以"教育即生活""教育即生长""教育即经验的改造"为依据，对知与行的关系进行了论述，并提出了举世闻名的"从做中学"的理论。其理论实质就是要加强对学生实际操作能力的培养，培养学生探究和解决问题的能力，培养学生从事和适应实际工作的能力，这也是我国高等教育所需要的一种理论，一种既定的培养目标。杜威从他的哲学观——实用主义哲学观出发，主张"实用"，并把它引入教育，形成了实用主义教育哲学。他主张学生亲历探究过程，建立与真实世界的关系，实现学生从一个被动的观察者到一个积极的实践者的转化，学生通过自己的活动，逐步形成对世界的认识，充分体现学与做的结合。

杜威认为，人类获得解决问题探究能力才是最重要的，而这种能力的培养应该通过科学方法的训练来获得。同时，他认为，教学活动的要素与科学思维的要素应当相同，并由此提出了相应的"思维五步"或"问题五步"教学，具体包括：其一，学生要有一个真实的经验情境，要有一个对活动本身感兴趣的连续的活动，即要有一个能实现"做"的情境。其二，在这个情境内部产生一个真实的问题，并作为思维的刺激物，即要有一个可"做"的内容。其三，学生要占有知识资料，从事必要的观察以对付这个问题，即要有一个实现"做"的必要支撑。其四，学生必须负责一步一步地展开他所想出的解决问题的方法，即要有一个完整的"做"的过程。其五，他要有机会通过运用来检验他的想法，使这些想法意义明确，并且让他自己去发现它们是否有效，即有一个针对"做"的结果的检验。这里的"五步"教学表面上看完全是一个学生"做"的过程，但在"做"的过程中却是对"学"的积累。高等教育旨在培养生产、服务与管理第一线的高素质技能型专门人才，就是在基层岗位和工作现场做实事、干实务、实践性很强的实用性人才，也就是专门面向"一线"的高等技术应用型专门人才。而这种"一线人才"，不是单单依靠学历教育在学校里就能培养出来的，他们必须也只有在生产和工作的实践中获得能力、提高能力。正是基于此，高等教育应更注重有效培养学生的职业能力，在教学过程中强调与实践相结合，实现学生的"做"，从而完成学生的"学"，以提高学生适应职业岗位要求的能力，缩短从学校教育到实际工作岗位的距离。

结合杜威的"思维五步"，不难看出，"从做中学"理论在高等教育教学中的应用，具体体现在师生关系的准确定位以及教学方法的合理运用上。实施"从做中学"初期，常常会出现一个角色误区，认为教师是"做"的准备者，即为学生准备好所有资料和设备，而在学生真正"做"的时候，教师也不过是个旁观者。如果以这样的态度处理"从做中学"，其结果便是学生盲目地"做"，却谈不上"学"。强调"从做中学"，并不是对教师的忽视，无论把课堂搬到实验室还是工厂，无论教学中采取什么方法，都不能缺少的一个人就是教师。只不过此时的教师不再是"一言堂"的主人，而是一个"方向标"。他的具体作用有三个，具体如下。

第一，为学生营造一个真实的经验情境，并提出一个能引发学生兴趣的问题。

第二，是在学生实际"做"的过程中出现错误、疑惑、困难、有所发现，有争论时进行有目的、富于智慧的引导，当学生有操作经验之后进行提炼、总结，等等，否则学生的操作可能是无效或低效的。

第三，给学生创造一个可以检验其"做"的结果的机会。"从做中学"理论的中心是学习者本身，是学习者通过"做"，形成"思"，最终实现"学"，是学生通过自己的努力获取知识与培养能力的过程。在这个过程中，既少不了教师这根指挥棒的引导，更少不了学生自身的操作与思考，学生只有通过实际动手与动脑，对问题进行分析处理，才能在"做"中体会知识的运用。

随着我国高等教育的发展，教学方法越来越注重其实践性，强调与社会相结合，与用人单位的需求相结合，突出学生实际动手能力的培养，但无论采取什么样的教学方法，在其具体运用的时候依旧落点到"教与学"上。

传统观念认为，所谓"教"，就是教师站在讲台前，通过语言、行为，再配合教具、多媒体课件等手段展示教学内容，而"学"就是学生坐在教室里去听，去看，去写。在这个观念的理解中，处于关系上位的教师非得做出教授、告知的行为才是"教"，否则教师就会被认为是偷懒，不负责任。这是过于关注"教"的行为的表现。至于教师"教"的行为对学生的"学"是否有实际的效果就不在研究范围了。而"从做中学"却是对"教"的另一种更为人性化的诠释，"做中学"绝不意味着让学生"做"就行，而是必须在教师指导下富有意义的"做"与"思"。这其实是把"教"的过程融入实际的情境中，教师在学生"做"的情境中教。要达成"做"以成"思"，"思"建立在平等与对等的关系上，平等的价值高于对等，没有平等就无法谈及对等，平等是对等的前提。

二、陶行知的教学做合一理论

我国著名现代教育家、思想家、学者陶行知先生具有美国留学的经历，在留学过程中师从杜威、基尔帕特里克等美国最具影响力的教育学家。他在回国之后，便积极地将其在美国所学习到的先进的教育思想与中国当时的国情结合起来进行了教育工作。终于在 1926 年，陶行知先生开创了自己的生活教育理论。陶行知先生提出了三大教育理论，即"生活即是教育""社会即是学校""教学做合一"的教育理论。而"生活即是教育"则是重中之重。在陶行知先生看来，教育如果脱离了生活，那么教育就是死的，没有生活作为中心的学校教育是一种死的教育。他的生活教育理论在当时中国社会中的反传统与反对旧教育中具有非常重要的意义和作用。他的"教学做合一"理论深刻地批判了旧社会教育中所存在的不足之处，同时给出了相应的具体的解决问题的办法和方式。这种教学理念的改革和践行对于当时的社会来说具有非常好的作用。同时，他还强调，教学应该同实际的生活方式结合起来，这就需要教师们运用好新的教学方式，根据学的方法来进行教学。教与学都应该以做为中心，做才能够让学生们获得全面的知识能力。陶行知先生的理论基础，在以市场需求为导向的产教融合培养学生的模式下同样适用。"生活即教育"用五个字明晰地体现出了知识结构与市场以及社会发展同步的理念。对当今部分地方工科院校的应届毕业生出现综合素质能力低下、职业意识缺乏、动手能力比较差的现象，解决办法是：在借鉴陶行知先生理论基础之上，使学校所传授的知识能够适应社会经济发展的需求。"生活即教育""社会即学校"和"教学做合一"是陶行知生活教育理论的三个基本命题，研究者对这三个命题的历史流变一直缺乏较为系统的研究。作为生活教育理论的方法论，"教学做合一"在生活教育理论体系中居于重要位置。本书试图在教学方法层面，对"教学做合一"进行述评，以期望更好地还原和借鉴这一理论。"教学做合一"作为陶行知生活教育理论的重要命题和方法论，大致经历了以下五个阶段。

（一）萌芽期（1917—1925 年）

1901—1915 年，我国开始系统地引进日本的教育学说，"教育学、教授法、教育史、学校管理学引进数最多"。以此为基础，清末民初学校进行教学方法改革时，普遍采用从日本移植来的赫尔巴特五段教授法。这种教授法简单易行，颇受广大教师青睐。但它太过于机械和形式，不自觉地将教学分离，忽视了学生兴趣和个体差异。1917 年，陶行知自美国回国后在南京高师担任教育科主任，他敏锐地看到国内学校里"先生只管教，学生只管受教"的情形，提出要将"教授法"改为"教学法"，但未能通过。1919 年，陶行知发表《教学合一》一文，主张教的法子要根据学的法子。五四运动，南京高师同事无暇坚持，陶行知就将教授法全部改为教学法，这是"教学做合一"的起源。"教学合一思想"正是在当时教育界力图纠正忽视学生主体地位和实际生活需要的教授法背景下提出的。

随着欧美教育思潮逐渐进入中国，以儿童活动为本位的各种新教学方法，如设计教学法、道尔顿制等相继传入，并于 20 世纪 20 年代初期在我国学校正式试行。这些新教学方法更关注学生的兴趣和活动，一经试行就引起较大轰动。但深入试行后，人们逐渐认识到，这些新的教学方法不仅没有充分考虑中国的现实状况，其缺陷也日渐暴露，如设计教学法虽和实际生活接近，但计划是教师设计出来，有时与学生生活无关，且偏离了系统知识传授；道尔顿制下的学生虽然较为自由，但过于看重书本，与学生实际生活依然无关。陶行知认为这是由"老八股"变为"洋八股"，同样是"教育自教育，生活自生活，依然渺不相关"，教学方法改革脱离了中国现实状况。基于这种情况，陶行知把"做"引入"教学合一"，主张事情怎样做就怎样学，怎样学就怎样教；教的法子要根据学的法子，学的法子要根据做的法子。此时，"教学做合一"的理论已经成立，但是名字尚未出现。直到 1925 年陶行知去南开大学演讲后，张伯苓先生建议改为学做合一后，才豁然开朗，直称"教学做合一"。名称的提出，标志着"教学做合一"的萌芽。

（二）形成期（1926—1938 年）

1926 年，陶行知在《中国师范教育建设论》《试验乡村师范学校答问》中对"教学做合一"理论做了系统阐释。1927 年 3 月 15 日，晓庄师范正式成立，校训就是"教学做合一"五个字。7 月 2 日，陶行知针对有些同志仍不明了校训的意义，就做了《教学做合一》的演讲并形成专文，"教学做合一"思想真正确立。在"教学做合一"校训的指引下，陶行知特别注重"做"，强调事情怎样做就怎样学，怎样学就怎样教；晓庄师范明确指出"本校只有指导员而无教师"，强调学生的"做"和师生间共教共学；晓庄师范不是教师按照班级授课，而是代之以"院务教学做""农事教学做"等。晓庄师范时期的"教学做合一"虽已不同于"从做中学"，但仍有一丝相似之处和"背叛不彻底的地方"。

（三）发展期（1939—1948 年）

1939 年 7 月 20 日，育才学校在重庆诞生。经过长期的实践，育才学校时期的"教学做合一"较之晓庄师范时期又增添了新的内涵，并与杜威的"从做中学"彻底脱离。这具体表现为：注重集体生活，指出学生要在集体中自治、探索和创造，追求真理以及产生新价值；要求学生兼具基本技能和基础知识。育才学校的课程安排有普通课和特修课。普通课的目的在于学生需要掌握国文、外国文、数学和科学方法这四把掌握现代科学、开发现代文明的"钥匙"，特修课分为文学、音乐、戏剧、绘画、自然以及社会六组，目的在于给予特殊才能的儿童以特殊营养。通过普通和特修"二者起统一的作用以奠定儿童深造之基础";育才学校十分重视教师的作用,聘请了各行业的专家担任各个专业组主任,加强对学生的指导;育才学校不再完全否定班级授课制,认为"国文、数学、外国文三样,在初期按程度分班级上课最为经济",并为师生订立《公约》以维持学校教学秩序;育才学校还要求课堂教育与社会活动有机结合起来。学校学生"按年龄大小与工作经验之配合,混合组成若干社会服务队,专司附近村落社会服务"。学生通过对外的社会服务活动实现了在"做"中学,在"做"中教。

(四)批判期(1949—1977年)

1946年陶行知先生逝世后,许多文章都较为肯定"教学做合一"的重要价值和体现的辩证唯物主义思想。例如,徐特立指出陶行知是一元论哲学,"教学做合一"就是"辩证唯物论"。1950年纪念陶行知逝世五周年时,各地出版了纪念特刊和文集,称赞其生活教育思想具有"巨大革命意义和创造性"。但也有论者指出"教学做合一"适应于当时环境,而在"今天民主、科学、大众的教育中应用则已经不妥当"。

1951年5月后,批评者指出陶行知教育思想是脱胎于实用主义的,"教学做合一"是错误的教学法,忽视系统科学知识而只适合于生活中零碎经验的传授。"教学做合一"将书本作为工具以及一切从经验出发是错误的,劳力上劳心也是典型的唯心观点。此时,对陶行知的评价——批评多于肯定。

1957年,陶行知教育思想又进入短暂的重评期。2月7日《文汇报》发表梁忠义《陶行知生活教育思想与杜威实用主义教育思想的根本区别》一文,认为生活教育理论是中国近代民主革命阶段建立的民主主义教育思想体系。邓初民在《陶行知先生在中国教育史上的地位和作用》一文中指出,"教学做合一"打破了封建社会"死读书"的方法,而且是理论与实践相结合,具有劳动教育的意义。

(五)重评期(1978—1984年)

1978年党的十一届三中全会召开,研究者得以在宽松的研究环境中对陶行知生活教育思想进行客观评说和应用。到20世纪80年代中期,研究者普遍认同陶行知"教学做合一"是创新的、革命的、科学的,立足于人民群众的实际。陶行知"教学做合一"思想与杜威的"从做中学"有明显区别,并非是杜威教育学说在中国的翻版。陶行知"教学做合一"这一生活理论的方法,是经过其自身不断实践,不断体悟和总结形成的。

（六）运用期（1985 年至今）

"教学做合一"的研究取向主要呈现出以下几个特点：

第一，偏重"教学做合一"的实践运用，对其理论探讨略显薄弱。研究者大都认同了"教学做合一"的优点和重大价值，而将其广泛运用于师范生培养、幼儿道德能力培养、课堂教学改革、学科教学、高校高专教育教学改革等方面。其中"教学做合一"的理论运用从 2007 年开始更为凸显，而伴随着 2011 年陶行知诞辰 120 年纪念活动的举行，"教学做合一"得到比较广泛的运用。

第二，一线教育工作者成为关注、探讨和运用"教学做合一"的主体。随着"教学做合一"的教学实践运用价值被大多数理论工作者认可，不少一线教育工作者开始结合自己的教学工作积极参与"教学做合一"的实践研究。

第三，研究者对"教学做合一"的理论探讨呈现新的特点，或是对"教学做合一"的理论内涵进行合理阐释，或是在实践运用中形成和丰富自己对"教学做合一"的进一步理解。

"教学做合一"作为一种教学方法，陶行知把它深深根植于具体的环境中，并辅以相适应的课程和相匹配的教材，试图实现方法和内容的有机统一。如在育才学校时期，结合培养特殊才能的人才目标，"教学做合一"方法辅以六种小组，并开设了不同的课程，通过内容和方法的有机结合发挥了"教学做合一"的无限活力。教学方法的改革必须与环境、课程、教材等相配合，否则就割裂了方法和内容的有机统一。我们应充分强调目前学校教学方法改革要与环境、课程、教材等相配合的价值取向。教学方法改革必须密切结合具体环境，配套相应课程、教材等，否则只能是无源之水，在实践中不会发挥长远作用。

三、福斯特的"产学合作"理论

英国著名学者、教育家福斯特在现代产学合作中具有非常重要的代表价值，他的产学合作理念对教育界的发展来说具有很高的战略性。福斯特认为，当前许多高等教育计划难以实现都是因为受训者缺乏必要的基础理论知识与基础技能知识。正是基于此，福斯特认为，产学合作的过程中应该首先从课程职业化设计出发，以理论基础为切入点，最终搭建就业化平台。同时，高等院校中，中、低级人才的培养应该注重走"产学融合"的道路。正是基于此，学校在开展各种职业培训计划的过程中应该从以下几个方面进行培养和改造。

第一，要控制好地方工科院校发展的规模，在拓展学生能力的基础上要结合社会经济发展的现实状况。

第二，要改革好地方工科院校的课程内容，多设置一些工读交替的"三明治"课程。

第三，要控制好地方工科院校中生源的比例，有可能的话让在职人员成为地方工科院校生源的主要渠道之一。福斯特产学合作的理论对包括中国在内的发展中国家的教育来说具有很好的借鉴作用。

福斯特是当今国际高等教育理论界深具影响力的著名学者，多年来致力于高等教育理论的研究。他早年毕业于伦敦大学经济学院，担任过美国芝加哥大学教育学和社会学教授、比较教育中心主任，澳大利亚麦考瑞大学教育学教授兼院长；美国纽约州立大学教育学和社会学教授。福斯特以他的《发展规划中的职业学校谬误》一文而闻名于世。此文发表于1965年，其许多关于职教发展的重要思想即包含在此文中。福斯特职教思想的许多观点被世界银行借鉴，成为当今指导各国职教发展政策性文件的重要组成部分。20世纪60年代，正是西方"发展经济学"盛行时期。这一理论提出：发展中国家的经济增长"可以让政府去发挥主要作用"；可采用"集中的、非面向市场的计划模式"。受其影响，当时教育理论界有人提出了"人力资源说"，即主张学校可以根据政府的经济发展计划和"长期性的人力预测"来提供一定数量训练有素的人力储备为经济发展服务。在教育发展战略上，这一学派主张发展中国家通过重点投资学校形态的高等教育和在普通学校课程中渗入职教内容来促进经济发展。人力资源说在当时得到了包括联合国教科文组织和世界银行在内的一些国际组织的支持，成为当时发展中国家教育与经济发展的指导理论。这一学派的观点以当时英国经济学家巴洛夫为代表。针对巴洛夫的主流派理论，作为长期致力于发展中国家教育理论研究的专家福斯特，以他多年来的研究成果为依据，写下了《发展规划中的职业学校谬误》这一名作，从教育发展的一些根本问题上系统地阐述了他的职教思想，提出了许多与巴洛夫为首的主流派不同的观点，从而在职教理论界引发了一场长达1/4世纪的大论战。最后，福斯特由少数派成为当今高等教育界最有影响的主流学派。福斯特的高等教育思想——福斯特职教思想反映在《发展规划中的职业学校谬误》这篇名作以及他以后发表的文章中，我们可对其主要思想和观点进行以下概括。

（1）高等教育必须以劳动力就业市场的需求为出发点。

福斯特认为，受训者在劳动力市场中的就业机会和就业后的发展前景，是高等教育发展的最关键因素。正是基于此，职业技术教育的发展必须以劳动力就业市场的实际需求为出发点。

（2）"技术浪费"应成为职教计划评估中的一项重要内容。

福斯特注意到，许多发展中国家的职教毕业生的就业岗位与其所受的专业训练不一致，从而他提出了职教中的"技术浪费"问题。他认为"技术浪费"通常是以下三个方面的原因造成的：一是国家为促进经济发展提前培训某类人才，但现有经济并不能利用和消化这些人才；二是市场需要这些人才，但被安排到与训练不相关的职位，所用非所学；三是市场需要这类人才，但职业前景和职业报酬不理想，导致高等教育毕业生选择了与培训无关的职业。对这种"技术浪费"，资源缺乏的发展中国家应足够重视，把它纳入高等教育计划进行评估，并作为其中的一项重要内容。他还认为尽管"技术浪费"现象在发达国家也存在，但在发展中国家更严重，而由于发展中国家的资源更加有限，所以，这种"浪费"更应该加以足够的重视。

（3）职业化的学校课程既不能决定学生的职业志愿也不能解决其失业问题。

以巴洛夫为首的主流派认为，通过学校课程的职业化可引导学生的职业志愿，从而避免学生不切实际的就业愿望，减少失业。福斯特认为，学生的职业志愿更多地由个人对经济交换部门的就业机会的看法决定，学校课程本身对这一选择过程并无多大的影响；失业的原因并不简单是学校课程上的缺陷，很大程度上是劳动力市场对受训者缺乏实际需求。

（4）基于简单预测的"人力规划"不能成为高等教育发展的依据。

20世纪60年代是"人力规划"最时兴的时期，大规模人力预测成果作为各级各类教育与人才培养的依据，对高等教育的影响尤为突出。福斯特对此持批评态度。首先，他对人力预测的准确性表示怀疑，他认为"经济交换部门的增长率是很难准确估计的"。其次，他对人力规划的后果表示担忧，因为，一旦经济增长率不足以吸收和消化人力规划所培养的人才，不仅会造成人力和物力浪费，还会加重社会上的失业状况。应当指出的是，在计划经济下大规模计划是行不通的，但与实际发展密切相关的小规模的培训计划还是应提倡的，福斯特反对的是那种脱离市场的"大规模的"人力规划，他支持那种"与实际发展密切相关的""小规模的"高等教育计划。这也是他所强调的"高等教育发展必须以劳动力就业市场的实际需求为出发点"。

（5）职业学校谬误论。

巴洛夫等主张发展中国家用职业学校培养初、中级人才。福斯特从职校体制内部指出"学校形态"高等教育办学方式的局限性和一些自身难以克服的缺陷，具体包括：职校办学成本高；培训设备很难跟上现实要求；发展中国家职业学校的学生不甘于放弃升学的希望，把高等教育课程作为升学的奠基石，学生期望与高等教育规划者志愿相悖；学校所设课程往往与就业岗位所需经验格格不入，所学技能往往与现实职业要求不符，职业培训与职业工作情景不相关；不易找到合适的师资等。另外，职校的学制较长，一般要三年左右，不能对劳动力市场做出迅速而灵活的反应。正是由于以上原因，福斯特认为，学校本位的高等教育最终难逃失败的命运。正是基于此，就结果而言，职业学校只能是一种"谬误"。

（6）高等教育的重点是非正规的在职培训。

"企业本位"的职业培训优于学校本位的高等教育。福斯特认为，发展企业本位的在职培训计划要比发展正规的职校"更加经济""更少浪费"。因为企业比职校更了解培训"产品"的标准和要求，而且企业有提供在职培训的良好条件。

（7）倡导"产学合作"的办学形式。

福斯特认为，职校在人才培养上有规模效益，但鉴于职校本身一些难以克服的缺陷，必须对职校进行改造。最重要的措施是走产学合作的道路。如改革课程形式，多设工读交替的"三明治"课程；实践课尽量在企业进行，缩小正规学校职教与实际工作情景之间的距离等。另外，在生源方面，可招收在职人员。总之，高等教育和培训逐渐从学校本位走向产学合作。

（8）职教与普教的关系是互补关系而非替代关系。

福斯特指出，成功的职教需要成功的普教作基础。随着社会生产力水平的提高，生产过程要求人才具有更为深厚的文化基础知识。学生具备扎实的文化基础也有助于提高其以后的继续教育能力和职业转换能力。正是基于此，要在扎实的普教基础上开展高等教育。

（9）反对"普通教育职业化"。

巴洛夫主张除大力发展职业学校外，还要在普通学校增设职业课程，实现"普通教育职业化"。福斯特认为在发展中国家不应采用这种形式的高等教育。他认为，"普通教育职业化"既达不到普教的目的，也达不到职教的目的。

（10）农村高等教育要点。

福斯特非常重视农村高等教育，对此提出以下主要观点。

第一，农村高等教育的对象是农民而非学生。

第二，农村高等教育的主要任务是向农民推广生产知识、新技术。

第三，农村高等教育必须注意农民的求知积极性：农民非常注重实际，只有当他们看到科技带来的实际收益时，才会有学习的意愿，农村高等教育只有与当地发展和农民收益直接相关，才有可能获得成功。

福斯特长期从事高等教育理论研究，并在大量调查研究的基础上提出其职教思想，有着坚实的理论和实践基础。虽然福斯特职教思想主要产生于 20 世纪 60 年代中期，但其中的许多观点今天来看仍然具有强大的生命力。如高等教育必须以劳动力就业市场的需求为出发点、基于简单预测的人力规划不能成为职教发展的依据、要在扎实的普教基础上开展高等教育与培训等，被证明依然符合当前职教发展的实际。特别是福斯特认为，"对职业学校进行改造，走产学结合的办学道路"，更是一种先进的战略定位，因为高等教育不同于研究型的高等教育，它不需要太多的超前理论，而是更多地注重于实践知识的传授，技能重于研究，动手操作重于理论思维。所以，注重"产学合作"，加强对职业学校学生动手能力的培养是一个永恒的主题，也是当前世界范围内对高等教育的一个主流认识。福斯特职教理论主要是基于当时非洲几个发展中国家高等教育发展的实践得出的，难免有其局限性。其局限性的核心是几乎全盘否定了"学校形态"的高等教育。福斯特对学校本位的职教持否定态度，显然是不符合我国的现实状况的，这一点已无须怀疑。学校本位的高等教育作为我国教育的一种基本形式，已被高等教育法的形式规定，在现实中，职业学校仍然是我国高等教育中的办学主体。学校形态高等教育有其难以取代的优势，除了有人才培养的规模优势外，关键是在培养学生的文化基础、人文素质等方面是其他形式的职教不可比拟的。即使在发达国家，学校形态的高等教育仍是当今高等教育的主流。虽然，学校形态的高等教育有其局限性和一些缺陷，但是通过改革办学形式、课程体系、教学方式等手段可以加以弥补。再者，在多元化的社会中，不同国家和同一个国家的不同地区，人们对高等教育的需求也是多方面的，应该提倡多元化的高等教育办学形式。

第三节　产教融合的功能与作用

一、有利于专业定位和建设

企业和高校紧密合作，当社会经济发展的路径发生变化时，企业能够第一时间感知到，企业将所需要的人才培养标准及时传达给高校，高校及时做出响应，使专业定位始终跟上时代的步伐。从教育方面看，近一段时期以来，我国高等教育的一大特色是以职业学校为主体培养初入职的技术技能人才，经济领域行业企业相对脱离于人才的正规职业准备教育，出现了高等院校对产教融合、校企合作共同育人和研发的需求格外强烈，然而困难也格外多的情景。企业拥有丰富的技术能手，对于行业需要的人才定位比较清楚，能够给专业定位和学科发展把脉。产教融合、校企合作培养技术技能人才是国际高等教育成功国家的共同规律。呼唤和渴求产教融合、校企合作培育技术技能人才在我国有着深刻的教育和经济背景。从经济领域看，我国正在进入工业化中期，努力实现产业升级转型、建立创新驱动的现代产业体系，对复合型和创新型技术技能人才的需求在倒逼行业企业做出变革。发展所面临的体制机制困境，保障技术应用和技能人才发展的实践问题，具有重大的研究意义与价值。从教育方面看，近一段时期以来，我国高等教育的一大特色是以职业学校为主体培养初入职的技术技能人才，经济领域行业企业相对脱离于人才的正规职业准备教育，出现了高等院校对产教融合、校企合作共同育人和研发的需求格外强烈，然而困难也格外多的情景。

党的十八届三中全会指出，全面深化改革的总目标是完善和发展中国特色社会主义制度，推进国家治理体系和治理能力现代化。当前高等教育的体制机制不畅、承担和参与主体缺位、相关制度不匹配、政策措施不协调、发展动力不足等问题成为制约高等教育发展的瓶颈。推进国家治理体系和治理能力现代化，为解决上述高等教育的瓶颈问题提出了全新视角、顶层思路。高等教育作为与社会经济发展密切相关的一种教育类型，同时肩负着面向人人和培养高技能人才的重任，关乎国家的经济发展与社会和谐。高等教育治理体系与治理能力的现代化，是国家治理体系与治理能力现代化不可或缺的一部分，对全面深化改革，推进国家治理体系和治理能力的现代化具有重大意义。改革开放以来，在政府及各部门的积极努力下，高等教育的发展取得了巨大成就。但是，目前与我国经济社会的需求和人民群众的期盼相比，高等教育发展依然面临很多困境，许多问题表面看似乎在高等教育自身，而其实质是高等教育的外部制度、体制机制使然。"十一五"以来，我国高等教育的校企合作创设了"订单式"培养、工学交替、校中厂、厂中校、"政、校、企"三方联动等一批具有区域行业特色的校企合作人才培养实现形式，形成了"合作办学、合作育人、合作就业、合作发展"的校企合作人才培养理念，但是高等教育校企合作也遇到了较多的困惑、问题和困难，尤其是参与各方对高等教育校企合作的国家制度政策的缺失体会颇深，对高等教育在国家政策、制度层面的顶层设计改革有着较为迫切的诉求。实行校企合作、工学结合的高等教育人才培养模式，是技能型人才培养的有效途径，体现了高等教育的本质特点。高等教育所肩负的培养技能型人才的任务需要高等院校与行业企业共同承担，日益成为高等院校、广大企业和社会各界的共识。

从"单维"管理理念转向"多元"治理理念，在治理理论的指导下，借鉴国际比较经验，研究高等教育的多元治理主体的权责、实行管办评分离、多样化治理工具、完善的治理制度体系、治理指标体系、治理的制度包与工具包等，具有巨大的经济和社会意义。首先，完善高等教育治理体系、实现高等教育治理能力现代化，将有助于我国数以亿计的技术技能人才的培养和可持续发展，有助于高等教育突破上述瓶颈和困境，增强高等教育服务产业结构调整、经济发展方式转变的针对性和实效性。其次，对高等教育治理体系和治理能力现代化的研究，有助于促进我国社会民主与全面提升，增加人民群众学有所教、学有所用的终身学习途径和机会，依靠高等教育提升国民素质和发展能力，形成体面就业、幸福生活的民主和谐境况。党的十八届三中全会进一步指出："加快现代高等教育体系建设，深化产教融合、校企合作，培养高素质人才和技能型人才。"

二、有利于课程建设

课程体系是学科发展的载体，企业岗位的各项技能都需要通过课程体系来实现，通过相应课程来培养对应岗位技能。我们曾经就校企合作中存在的问题以及校企合作参与各方对政策的诉求做过一次全国性的调研，主要是选取经济发展较快、地方政府认识较充分、政府政策环境较宽松、经费投入力度较大、企业参与高等教育的意识较强的地区作为样本进行调研。

调研发现，高等院校的校企合作中既有老生常谈的旧问题，也有发展过程中的新问题，需要政府统筹考虑解决的办法，整体推进合作的发展深化。企业对岗位职责有比较全面的了解，能够对各工种工作任务职责做出详细规划，然后将岗位职责标准转化成课程标准、企业项目实例转化为课程教学的案例。我国高等教育校企合作存在政府、行业、企业、院校、学生五大层面的问题，这些问题是系统培养高端技能型人才以适应经济发展方式转变和产业结构升级的重大障碍，是当前中国高等教育宏观政策亟待破解的焦点问题。

高等教育校企合作中存在的问题主要是企业主体缺位、行业企业参与不够，反映出经济领域缺少支持产教融合的配套制度。产教融合不仅应该是教育制度，而且应该是经济制度、产业制度的组成部分。

（1）政府作用的边界与市场治理结构的作用发挥。

当前，在经济领域中的法律基本上没有涉及产教融合、校企合作的制度内容，在教育领域有关法律主要是1996年实施的《中华人民共和国高等教育法》，但迄今还没有与其配套的下位法，只有地方性法规以及国务院相关部门制定的部门规章，力度不够。近年来，国家从认识上重视高等教育校企合作的制度和机制建设，各地不断探索实践，校企合作取得了显著成就。但国家和地方高等教育校企合作法治建设仍然十分薄弱。国家层面上存在的相关问题表现如下。

第一，政府自身对如何发挥主导作用认识不足，对实现主导作用的形式和路径缺少探索和经验积累，相关校企合作的法律和政策制度不健全，协调引导作用有待加强。

第二，校企合作的管理制度和模式尚不完善，政府及其部门参与的职责分工有待明确。

第三，政府主导不足，导致校企合作多方参与、沟通对话、经费投入引导和保障机制、监督评价体系等还不完善，资源整合力度不够，对参与高等教育优惠政策宣传力度不够。

第四，政府支持的社会化评价体系不健全，参与合作的企业资质缺乏明确规定和认定，企业参与合作的效果缺乏整体评价。

第五，职业准入、职业资格证书与人才培养的关联性不够，校企合作的教育规范和标准不够成熟。

（2）行业指导能力的缺失与弥补。

我国法律没有明确规定行业协会在高等教育发展中的地位和作用，使得行业组织的协调指导作用没有得到充分发挥，在制定行业岗位标准、课程标准中的主导作用发挥不够充分，行业组织对高等教育的校企合作的监督机制尚未建立，行业协会与高等教育的交流对话制度有待进一步完善。

我国高等教育的发展对行业寄予了极大的期盼，教育部门成立了59个高等教育行业教学指导管理协会，教育部门出台了发挥行业作用的政策文件，但是实际上行业组织指导高等教育的作用还远远没有发挥出来。在我国经济领域，行业组织自身的能力和作用尚未有良好的发展，行业指导高等教育的权限不明确，支持和鼓励行业组织参与高等教育与培训的政策尚不健全。此外，从整体上看，我国行业自身独立发展的水平有限，指导高等教育发展的能力不足，自身能力尚需逐步培养，不具备德国等发达国家的行会制定标准、主持考试、颁发资格证书的权利和能力。

（3）企业作为育人主体的作用和责任缺失。

第一，企业应该成为高等教育和培养未来员工的主体，但我国高等教育处于市场治理结构发展的初期阶段，企业界表达意愿的机会和条件尚不成熟，参与职教内驱力不够。

第二，企业缺乏战略发展理念，参与校企合作动力不足，社会责任意识不够，合作关系大多靠感情维系。

第三，现有的合作组织管理不健全，在具体学科发展、课程开发以及对就业前实践的管理等环节中，企业大多处于被动状态，教育培训的标准和规范缺失，合作流于表面形式。

第四，大量存在体力依赖为主而非技能依赖为主的企业，企业转型升级尚未完成，缺乏参与技能型人才培养的基本动力。

（4）高等院校校企合作育人和研发的制度尚未到位。

第一，缺乏现代学校制度理念，校企合作的治理机制、合作发展机制不健全，整合资源能力不够。

第二，品牌创建意识不够，专业水平和技术技能积累不足，难以引领行业发展。

第三，技术服务能力较弱，难以吸引企业参与。

第四，人才培养模式创新不足，未能确立被校企双方共同尊重的教育规范和标准，难以适应产业需求。

第五，学生实习监管不到位，难以保证实习产教融合的水平。

（5）学生实习活动性质错位与纠正

就业前实践应该是教育环节，其活动的性质是教学活动。这一点不容置疑。实际的工作不能直接代替就业前实践，也不能等同于就业前实践。在我国高等教育的实际中，一是学生的岗位实操和实训内容、要求与企业的人才定位，与工作岗位要求不太相符；二是学生在企业实习的内容、场地安全、工作时间等未有明确的规定；三是学生责任心、吃苦耐劳能力等品质的培养尚未有清晰的标准。

三、有利于提升教师的社会服务能力

校企双方经常互派人员轮岗实训，企业派专业技术人员到校为师生讲学，有利于提高师生的实践操作水平。高校派教师下企业锻炼，在企业生产一线，教师实践能力能够得到比较大的提高。研究、探讨校企合作促进政策的制定和实施是一项重要的攻坚任务，需要深挖现存的问题，运用理论分析其原因，并将其放在国家宏观层面来思考解决的思路和办法。我国高等教育的主体是职业学校，主要由教育部门统筹管理，但教育部或者任何单一部门都无法有效地解决高等教育校企合作的跨部门、跨领域问题。基于此，需要国家统筹高等教育校企合作政策，进行顶层设计。国家从教育、经济和劳动三方面建立法律性框架。目前，《中华人民共和国教育法》《中华人民共和国劳动法》和《中华人民共和国高等教育法》中关于教育与生产劳动相结合、教育为经济建设服务、经济建设依靠教育以及高等教育校企合作的规定，对于促进校企合作的发展发挥了一定的作用，其条款大多是宏观性规定，相距建立良好的高等教育产教融合制度的需要还有很大差距。国家应从教育、经济、劳动三个领域修改现有法律和新增相关的法律，为加快建立国家高等教育产教融合校企合作制度提供宏观性的法律框架。调查显示，在企业所能为职业学校提供的资源中，提供实训设备、为学校提供资金等被排在末位，因而，参与高等教育的企业需要政府优惠、补偿政策的引导。

四、有利于学生就业

企业参与人才培养的全过程，按照自身的人才定位进行人才培养，这样学生便能够第一时间掌握行业最新技术，毕业后即可以在相关企业就业，这样便有利于提升就业率和就业产教融合的水平。

高等教育校企合作分类是指根据高等教育校企合作的共同点和差异点，采用一定的标准和方法，依据一定的原则，对其进行系统的划分和归类。本研究依据参与主体、企业所依赖的人力资本类型、企业采用的生产方式，以及校企合作中涉及的专业类别等对校企合作进行了分类，并研究了各类校企合作的特点，以期发现不同类型校企合作的政策诉求。在多样的校企合作类型中，并非所有类型的企业都能积极参与校企合作。例如，知识依赖型企业、手工生产方式下的企业等，它们的合作意愿低，参与合作的面比较窄，形式比较单一，对这些校企合作，政府及各部门应加强引导，不过分鼓励、不强制实施。手工业生产方式下的校企合作，合作的周期长，培养学徒的技能全面，产教融合的水平基本有保障。在政策上，应引导这类企业参与校企合作。体力依赖型企业的一线工作具有简单重复、劳动的知识技术含量低、用人不分专业、计件工资制等特点，是高等院校技术技能人才培养的天敌，尽管体力依赖型企业十分需要实习生的顶岗劳动，对高等院校的学生很有热情，但是这类企业却不适合培养人才，政策上也不应该鼓励与这类企业进行校企合作。

第二章
产教融合的发展

第一节　高校产教融合发展现状

高等教育与产业之间的联系是相伴而生的，它们之间的关系不仅是产业细化的需要，也是产业细化逐渐专业化发展的必然结果。产业细化在很大程度上促成了高等教育作为独立教育类型的出现，也提高了高等教育的效率，但是专业化分工也在一定程度上造成了教育与产业之间天然联系的断裂，高等教育逐渐游离出产业环境，并且有愈行愈远的趋势。为拉近两者的距离，并让其在新的发展阶段重现先天融合的状况，必然需要社会力量的助推，尤其是政府与相关部门的政策支持，将成为必不可少的主导助推力。然而，目前已有政策，对于提升高等教育中产教融合的效果并不明显。无论是中观的校企合作还是微观的工学结合，都没有达到预想的效果。正是基于此，研究已有政策的历史变迁、分析政策产生的脉络及其存在的问题，对于完善产教融合的政策支持系统具有十分重要的意义。

"产"就是对"产业"的简称，从传统意义来说，产业主要是指经济社会物质生产部门，随着产业细化和生产力的不断发展，产业的内涵不断充实，外延也不断扩展，产业是指利益相互联系、具有不同分工的各个相关行业所组成的业态总称，泛指一切生产物质产品和提供劳务活动的集合性组织。"教"即"教育"，在此特指高等教育，是指人类产业细化发展到一定程度后，为满足社会再生产发展，产业对人才素质提出的专业化要求而产生的独立部门，其目的主要在于为社会各行各业培养所需要的人才。"融合"指的是两种或多种不同事物合成一体，是指相关事物之间主要发生质的变化，并成为一种新事物，这种新事物在形式、内容方面可能不同于原有事物，产教融合的水平有所提升和改变正是基于此。"产教融合"是指高等教育与物质生产、社会服务等行业共同开展生产、服务和教育活动，并且形成不同于单纯的教育与产业的另一种组织结构。此组织的核心是从事教育、物质生产或社会服务工作，并为产业部门提供合格、成熟的人才，其不同于在校企合作中用人单位和高校权、责、利的分配，而是必须形成一个具有不同于学校或者企业功能的新的组织，这个新组织承担起学校毕业生顺利走向工作岗位且能胜任工作的重任，是学校和产业之间有效衔接的桥梁。正是基于此，制定适合此组织发展的支持政策，对于产教融合组织的形成和发展具有十分重要的意义。

一、关于产教融合的相关法律和法规

高等教育属于社会公益事业，政府是最大的受益者，产业则是社会主义市场经济的主要组成部分，经济发展中市场既是助推者，也是受益者。为此，高等教育政策变迁受政府和市场双重规制的影响，形成了两种主要的范式，即国家本位的政策范式与市场本位的政策范式。从新制度经济学的视角来看，"规则的更新是创新主体基于一定目标而进行的制度重新安排和制度结构的重新调整，是一种社会效益更高的制度对低效制度的替代"。规则更新的目的在于提高制度的效益，为制度助推者带来利益的最大化。所以产教融合相关政策的变迁也是为了实现产业和高等教育两者利益的最大化。

1.《中华人民共和国职业教育法》颁布后与国家本位的政策范式

鉴于职业教育中出现的困境，为改变现状，促进职业教育的发展，1996年，颁布了《中华人民共和国职业教育法》，并在第二十三条中明确规定：职业教育应当实行产教融合，确立了产教融合的法律地位。为贯彻此法，国家教委等部门联合发布《关于实施〈职业教育法〉加快发展职业教育的若干意见》，对贯彻产教融合进行了工作部署。接下来颁发的相关文件都对产教融合工作有明确体现，如2002年的《国务院关于大力推进职业教育改革与发展的决定》提出，企业要和职业学校加强合作，也要依靠企业举办职业教育；2004年《关于以就业为导向深化高等职业教育改革的若干意见》提出了产学研结合的高职教育发展道路；2005年《国务院关于大力发展职业教育的决定》提出职业教育的人才培养模式为"工学结合、校企合作"；2010年《国家中长期教育改革和发展规划纲要（2010—2020年）》提出，要制定校企合作办学法规，推进校企合作制度化；2014年《国务院关于加快发展现代职业教育的决定》提出，"深化产教融合、校企合作"，第一次在国家层面的文件中出现了"产教融合"的要求，是对产教融合要求的进一步提升。

从产教关系的发展历程，可以看出国家对行业、企业参与职业教育的要求，及其在职业教育活动中的角色变化。不仅为产业部门参与职业教育做出了相关指导，也明确了产业部门在职业教育发展中的地位和作用。这些文件完善了"行业企业部门参与职业教育的宏观（产教融合）、中观（校企合作））和微观（工学结合）的要求"，且极大地促进了高等职业教育的规模发展，形成了中等和高等职业教育并重的良好势头。但是这些文件并不是与《职业教育法》配套的下位法律文件，它们的权威性和稳定性有限，对于产业部门参与职业教育的行为并不具有约束性，且政府对自身在其中应该发挥的主导作用缺乏清晰的认识，对参与主体的职责分工并不明确，导致职业教育部门与产业部门在处理产教融合的相关事务中缺乏明确的指导，政策执行效果并不明显。

2. 《中华人民共和国高等教育法》与市场本位的政策范式

随着经济体制的改革发展，高校管理制度和模式与制度保障的改革提上了议事日程，1993 年《中国教育改革和发展纲要》颁布，并且明确提出，"要使高校真正成为面向社会自主办学的法人实体"，标志着高教政策由国家本位向市场本位的演进。1998 年《中华人民共和国高等教育法》颁布，标志着市场本位政策的正式确立，高等教育的管理权限从中央向地方转移，高校自主办学权力逐渐扩大，由此也意味着高等教育体系的内部环境发生了深刻变化，学校与政府、行业、企业的关系也发生了深刻变化：市场治理模式确立，政府的教育职能相应缩小，对高等教育的投入逐渐减少。

2006 年，按照国务院《关于大力发展高等教育的决定》的重要部署，为在全国高校中树立改革示范和发展示范，引领高等教育与经济社会发展紧密结合，提高高等教育产教融合的水平与办学效益，助推高等教育健康发展，国务院决定实施国家示范性高校建设计划，旨在在整合资源、深化改革、创新机制的基础上，按照地方为主、中央引导、突出重点、协调发展的原则，同时兼顾地区、产业、办学类型等因素，选择学校定位准确、办学条件好、社会声誉高、产学结合紧密、改革成绩突出、制度环境好、辐射能力强的 100 所高校，优先进行重点支持，并完善相关政策，促进工学结合的重点学科发展，通过以点带面，引领全国高校凝聚教学改革的共识。通过项目的实施，一批高校在创新人才培养模式、专兼结合课程小组建设、服务社会、服务地方、服务企业和办学特色等方面取得明显成效，加快了高校教育的改革步伐，提高了高校的办学实力、教学产教融合的水平、管理水平和办学效益；一批重点专业脱颖而出，建成了对接各地重点产业的专业人才培养方案，有效带动了省级示范、行业示范等一大批高校，一批专业特点突出的优秀高校群体脱颖而出，它们聚焦国家和区域发展战略，围绕实体经济建设，在助推战略性新兴产业、先进制造业健康发展、加快传统产业转型升级等方面，提供了重要的技术技能人才支撑，发挥了不可替代的作用，引领高等教育走出了一条不同于普通大学的类型之路，高校显示出空前的活力和勃勃生机。

联合国教科文组织产学合作教席主持人查建中教授称赞国家示范高校建设项目成就了高校教育的改革优势，用六个标志来描述示范高校建设项目所具有的典型示范意义，这就是逐步成熟的面向职场模式、正在深化的产学合作关系、双师课程小组的理念和机制、紧跟市场的观念和体制、对职场中层人才需求的了解和把握、服务行业企业的意识等。在该项目实施中，中央财政专项投入资金产生了明显的拉动效应，地方财政对高校发展的重视程度大幅度提高，生均预算内拨款水平明显提高，示范高校建设院校基本实现了与本科院校生均财政投入水平大体相当的建设要求，为教育部、财政部《关于建立完善以改革和绩效为导向的生均拨款制度加快发展现代高等职业教育的意见》明确规定 2017 年各地公办高校年生均财政拨款水平应当不低于 1.2 万元，奠定了实践基础和政策依据。正是基于产教融合的工学结合人才培养模式的变革，改变了高校的人才培养观念，提高了高校专业教学的产教融合的水平，提高了高校毕业生的就业创业能力，也提高了高校在教育领域及其在全社会的地位。近几年，一批高校校长（书记）先后调到应用型本科院校担任党委书记或校长，这也从一个侧面反映了社会对高校发展成效的认可。

2015 年，教育部发布《高等教育创新发展行动计划（2015—2018 年）》（以下简称《行动计划》），启动优质高校建设。这是高校战线深入总结"十二五"发展经验，面向"十三五"布局改革任务，引导和助推高校制订和执行好"十三五"规划的重要行动指南。我国《国民经济和社会发展第十三个五年规划纲要》把"推进高等教育产教融合"作为推进教育现代化的重要任务，要求推行产教融合、校企合作的人才培养模式，助推专业设置、课程内容、教学方式与实践知识的传授对接，体现了国家想法和意愿的引导和机制安排，只有"发展与技术进步和生产方式变革以及社会公共服务相适应、产教深度融合的现代高等教育，才能为社会输送适合产业发展的高素质人力资源，才能为国家和社会源源不断地创造人才红利"。优质院校建设将"办学定位准确、专业特色鲜明、社会服务能力强、综合办学水平领先、与地方经济社会发展需要契合度高、行业优势突出"作为前提要求，并将"深化教育教学改革、提升技术创新服务能力、培养杰出技术技能人才，增强专业教师和毕业生在行业企业的影响力，提升学校对产业发展的贡献度，争创国际先进水平"作为主要建设任务，体现了优质院校建设对产教融合的高水平学科发展提出的新要求。

产教融合是校企合作的升级版，对校企合作具有深层次意义，具体如下。

第一，产教融合是把产业发展对职业岗位的新要求融入专业教学标准、教学大纲和课程等教学资源中，对提高合作育人产教融合的水平具有主导意义。

第二，产教融合有效推广产业新技术新技能，企业在合作中受益，有利于调动其合作的积极性。

第三，产教融合有利于提升高校教育教学的技术含量，企业将更加愿意和院校合作，实现企业的升级愿望，有助于合作发展。

第四，按照"通过去除没有需求的无效供给、创造适应新需求的有效供给，打通供求渠道，努力实现供求关系新的动态均衡"的供给侧结构性改革要义，产教融合的教育教学改革将有效提升高校教育专业人才培养的有效供给。例如，南京信息职业技术学院将技术链上游企业先进技术作为专业教学重要内容，并为技术链下游企业提供技术和培训服务在提升合作育人产教融合的水平的同时，实现了校企合作的常态化。

产教融合也是发达国家高等教育的成功经验。德国双元制模式中的职业学校和企业都是实施高等教育的主体，企业承担的职业培训任务，要按照德国联邦经济部部长签发的职业培训条例和大纲开展培训，职业培训条例和大纲对职业培训具有约束性，是产业发展对职业岗位能力的具体要求，职业培训条例和大纲的动态更新和调整，体现了产业发展技术技能新元素对培训要求的及时融入。澳大利亚 TAFE 模式是以国家职业资格标准框架为核心的高等教育，英国现代学徒制项目框架也是以国家职业资格标准为核心的高等教育，本质上都是围绕职业要求而开展的高等教育培训模式。

根据中国教育统计年鉴中的相关数据，2015—2020 年，高校生均预算内经费支出从 2 962.37 元降至 2 237.57 元，许多学校都曾一度面临严重的经费问题，中等职业学校办学经费虽有增加的趋势，即从 2015 年的 228.58 元增加到了 2020 年的 336.66 元，但从生均支出数额上可以看出，国家政策更加倾向于高等院校，其生均开支将近是中等高等教育的十倍，相比之下，职业学校办学经费更加拮据。面对日益成熟的社会主义市场经济体制，原来采用行政指令推进工作需要转向更多发挥政府的引导作用。采用专项资金引导高校教育改革发展是市场配置资源过程中政府引导作用的重要体现，也是成熟社会主义市场经济体制下政府调控的重要手段。高等教育的发展前景十分广阔，而改革探索的任务也是十分艰巨的。建议进一步强化中央财政的专项引导作用，落实李克强总理关于加快建设一批高水平高等院校和骨干专业的重要批示，这必将更加有利于产教深度融合的现代高等教育发展，为国家源源不断地输送人才。

许多学校脱离行业、企业的管理，成为独立的办学主体，同时，行业部门、企业组织对于高等教育发展的职能也被弱化，行业指导、企业参与高等教育的活动也越来越少，产教融合的良好势头也没有得到进一步发展，市场对于高等教育的认可度也逐渐降低。

随着《中华人民共和国高等教育法》的实施，高等教育体系中引入了市场治理结构，所有学校都需要在市场中获取办学资源，尤其在其他高等学校自身实力不断提升的情况下，高等教育生存和发展的空间受到了来自教育体系内部的挤压而逐渐缩小。另外，高等教育自身办学力量薄弱，社会地位不高，高等教育体系中缺乏上下贯通的发展道路，社会认可度进一步降低，在市场竞争中总是处于劣势地位，无法获得政府和产业部门有效的政策支持，产教之间缺乏有效衔接的桥梁，产教融合也由此陷入困境。

产教融合是高等教育服务地方社会发展的本质要求，是学校与区域内相关行业、企业在人才培养、技术研究与升级和成果转化中密切合作、相互支持、相互促进的结果，把学校办成集人才培养、科学研究、科技服务于一体的产业性经营实体，形成学校与企业浑然一体的办学模式。产教融合中的"产"可以理解为"生产"或是"学做"，是实践教育的重要形态；"教"是教育教学，泛指实践教学活动及内容；"融合"则是对两者交互的要求，是"生产性学习"与"学习性生产"以及"生产性教学"与"教学性生产"的有机结合，这是理论与实践结合的根本要求。"产"与"教"要融合，前提是两者要有内在的关系，体现在高等教育中就是专业性与生产性、专业核心能力与专业生产技术相联系，这是对"产""教"内容和方向的规定。同理，校企合作也要从三个维度思考：学校服务企业的能力、企业育人教育的能力、学生专业化发展的能力。

国家本位的政策范式曾一度促进了高等教育的恢复和发展，并助推了产教融合的发展，随着市场本位政策范式的确立，高等教育走向市场，高等教育受到了来自教育体系内外的挤压，产业部门对高等教育的认可度逐渐降低，产教间因缺乏有效衔接而使两者的结合陷入困境。在构建现代高等教育体系的历史需求下，产教融合的相关政策问题再次突显，成为政府、学术界、教育界和产业界共同关注的重要问题。产教融合有利于满足区域行业企业人力资源开发的需求。高校为企业培养和输送量身定制的专业人才，满足了企业对人才标准的产教融合的水平要求，同时，用较低成本获得了较为充足的人力资源，实现了企业成本的节约。学生岗位实操可以降低企业的生产成本，提高企业的社会竞争力。产教融合有利于激发学生的学习兴趣，真正做到学做合一。

产教融合有利于高校动态设置和调整专业。高校根据区域内行业、企业的发展趋势和人才需求状况调整专业设置和人才培养目标、明确人才培养标准，有利于探索人才培养模式，改革人才培养的手段和方法，打造适应产教融合的专业课程体系，全面提高人才培养产教融合的水平和未来人才的素质。高校邀请企业一线专家参与课程开发，模拟企业真实的工作环境，用来自企业的真实工作任务培养学生，按照企业的产教融合的水平管理要求考核学生，有助于增强专业的社会适应性，使培养的人才更符合行业、企业的需求。

在产教融合中，学生在老师的带领和指导下，把掌握的理论知识运用到实际工作中，既加深了对理论知识的理解，又增强了实践动手能力，提高了解决实际问题的能力。在毕业之前就能够真正地掌握工作中的操作技能，这样更利于学生技术水平的提高和就业能力的拓展，使人才培养更具有岗位针对性。

产教融合有利于"双师型"教师的培养。高校的专业结构与产业结构有着密切的关系，经济产业结构的调整和升级会影响劳动力资源的需求，劳动力资源的变化则会进一步影响高校专业结构的变化。专业是高校连接社会、服务社会的基本单位，科学地规划和优化专业布局是高校发展的基础，也是高校产教融合的基础。高校要实现产教融合，在专业设置上，就必须以产业结构为蓝本，准确把握专业的规模、结构与区域经济发展路径的匹配程度，提高专业设置的针对性和科学性；与产业需求相对接，以产业需求状况分析报告、就业率、订单人数和新生报到率为主要依据，控制专业数量，优化专业结构；根据区域内产业的发展状况和趋势合理定位自己的专业范围和服务行业，从市场的多元需要出发找到自己的发展定位和生存空间，避免与区域内其他院校重合，实现专业的错位发展；设置有市场需求和发展前景的专业，及时调整没有市场需求的、过时的专业。充分实现课程内容与职业标准相对接，提升教学内容的针对性。

在产教融合中，教师不仅要负责知识层面的传道授业解惑，还要了解企业文化，学习新知识、了解新工艺、掌握新技术。高校与区域内的行业、企业合作，可以使专业教师深入企业，了解最新的设备、技术和工艺，参与企业技术产品的研发和技术成果的转化，提高教师的实践动手能力。教师在教学过程中，可以将在企业掌握的新知识增加到教学内容中，提高教学的针对性和实效性。高等教育的目标是服务经济社会发展和人的全面发展，通过助推专业设置与产业需求、课程内容与职业标准、教学过程与生产过程的有效对接，实现校企协同育人，提升学生的实践技能和职业岗位的适应能力，提高就业竞争力。充分实现专业设置与产业需求相对接，提升人才培养的有效性。职业标准是在职业分类的基础上，根据职业（工种）的活动内容，对从业人员工作能力水平的规范性要求，是从业人员从事职业活动、接受高等教育培训和职业技能鉴定以及用人单位录用、使用人员的基本依据。职业标准也是高校确定课程目标，选择课程内容的基本依据。教学过程与生产过程相对接就是打破理论与实践分离的课程模式，由高校与企业共同开发模块化课程体系，贯彻以"行动导向"为教学方法的"项目化"教学，在职业实践情境中展开学习过程，学做合一，依据企业的真实生产过程建构教学情境、设计教学过程，让学生在典型产品的完成过程中学习相关理论知识，建立工作任务与知识、技能、态度的联系，增强学生的直观感觉，激发学生的学习兴趣，使学生具备从事生产和适应社会发展的能力。

高校要实现课程内容与职业标准相对接，就必须在分析完成工作任务所需要的职业标准和素质要求的基础上，有目的地选择课程内容，使课程内容具有针对性和实用性，为学生的发展奠定坚实的基础。课程内容的设置要遵循技能形成规律和学生认知规律，从简单到复杂、从具体到抽象、从单项能力培养到综合能力培养，将工作岗位所需要的职业标准和素质能力融入相应的课程中。避免把职业标准简单地理解为动手能力和操作技能，要重视职业情境中学生综合职业能力的培养，使学生在复杂的工作过程中能及时做出判断并采取行动。充分实现教学过程与生产过程相对接，提升就业岗位的适应性。在高校加强内涵建设、提升核心竞争力的过程中，产教融合日益体现出重要性，产教融合的程度已经成为考量高校办学水平和内涵发展最为核心的要素。正是基于此，加强对产教融合理念的认知，完善管理制度和模式机制保障，与创业中心、产业园、工业园等园区合作，建立多元化的产教融合模式，使生产和教育真正地融合，是高校当前亟待解决的问题。发挥政府调控和协调作用，形成关系形态多元的产教联合体。实现教学过程与生产过程相对接的关键是项目设计要符合学生的实际能力水平和教学需要，确保课程标准中所规定的工作任务、知识和技能得以明确学习。要尽可能真实地模拟企业的生产环境、工艺流程、管理模式、企业文化等生产特点，体现现场生产过程、氛围与组织形态特点。一是制定政策和法规，为产教融合提供保障，从宏观上构建好高等教育的制度、体系和政策，切实保护产教融合双方的合法权益，为产教融合的各个方面提供法律上的规范和支持；制定专门的法律或条例、规定，建立健全合作组织内部的规章制度，对组织内部进行规范和调控；出台相关的鼓励措施和税收政策，鼓励企业积极参与产教融合。二是成立行业高等教育联盟，搭建合作的平台，使深入推进产教融合成为自觉行动。根据地方产业优化升级的目标、任务和阶段性要求，为产教融合双方搭建信息沟通、技术支持的平台，紧密行业、高校、企业关系，提升内涵建设产教融合的水平，共同开展教学、科研、生产、职业资格鉴定和职业培训，实现人才、项目、技术等方面的全面共享。三是设立专项资金支持产教融合。可以设立专项资金用于产教融合相关课题的研究，或将资金投入关键技术、共性技术以及前瞻性技术的研发和创新，这样一方面可以降低企业技术创新的风险、增强企业参与创新的动机，另一方面也能缓解产教融合中资金的缺乏，创新和完善产教融合管理机制，保障产教融合的顺利进行。

高校要创新和完善政府引导、校企互动、行业协调的产教融合的动力机制、调控机制、保障机制、激励机制和评价体系，建立教学生产共时、技术资源共享、课程体系共构、专业队伍共建、校企利益共赢的一体化目标，吸引企业主动参与学校办学方向、学科发展等重大问题的决策，加强产教融合的规范管理，形成以学生满意度、企业满意度、学校满意度、社会满意度为标准的评价体系。产教融合是一种关系的、利益的合作，要认真处理好公益性与市场性、服务性与效益性、合作性与竞争性的关系。建立多元化的产教融合模式，实现人才培养集约化集团式。一是高校以专业或专业群为主体，对应多类行业、企业开展点对点的合作，这是产教融合的有效途径，对中小企业集聚区域的地方性高校尤为重要。二是高校的一个专业或专业群与区域内某个行业领域的多家企业合作，并形成具有共同目标的合作平台，使学校成为区域行业发展的人才储备库。三是高校跨专业群和跨行业，以多个专业群与区域主导产业链上具有国际化战略发展优势的龙头企业集团合作，吸收产业链上更多企业参与到这个合作平台，跨专业跨行业培养人才，实现多元化人才一条龙输送。在高等教育发展的关键时刻，高校应抓住机遇，深化教育教学改革，根据地方经济社会发展的特点和趋势，主动与行业、企业合作，根据市场需求调整专业设置，在学科发展的各个环节实施产教融合，增强学校的社会适应性，培养出真正符合社会经济发展需要的高素质技术技能人才。

要建立"资源共享、优势互补、互利双赢"的长久的发展制度，维持合作主体间合理的利益分配和平衡关系，使协同性既有动力也有压力，彼此信任、诚心合作，把育人落在实处。依托创业中心、产业园等园区，推进人才培养与社会服务同步转型。高校要立足区域经济发展特色，把握地方发展趋势，根据地方经济社会发展的需要，加强与创业中心、产业园、工业园等园区多领域、多层次、多形式的合作，开展订单培养、合办专业、建立就业前实践的专门基地和教学工厂、共建二级学院，围绕企业重点技术需求提供技术攻关、科技研发、产品开发、信息咨询、人才培训等服务。学校教师和企业技术人员可共同组成课程小组，进行产品可教学化探索，把科技项目引入教学过程，实施项目化教学，形成专业骨干课程体系，以教育服务为理念，以人才培养模式改革为载体，在助推地方经济转型升级的过程中，实现社会服务与人才培养的同步转型，在驱动地方经济社会发展的同时，提高自身的创新力、发展力和竞争力。

二、产教融合中的国家骨干高校发展

2010 年，在对国家示范高校建设项目成果充分认可的基础上，教育部、财政部对继续延长该项目计划的实施做出具体安排，确定新增 100 所骨干高校建设，继续发挥财政专项对高校教育改革发展的引导作用，推进地方政府完善政策、加大投入，创新办学体制机制，推进合作办学、合作育人、合作就业、合作发展，增强办学活力。并将校企合作体制机制建设作为突破工学结合教学改革瓶颈的重要举措，形成人才共育、过程共管、成果共享、责任共担的紧密型合作办学体制机制，促进校企深度合作，增强办学活力，形成新的引领机制。

骨干院校项目建设文件规定央财资金可以部分安排用于办学体制机制创新，成为政府引导骨干院校建设项目推进产教融合、校企合作的重要信号。一批国家骨干建设项目院校领导普遍认为，骨干建设项目不仅仅使学校办学业绩得到明显提升，更重要的是在校企合作体制机制上取得了成功突破，为工学结合的人才培养模式改革提供了保障。90%以上的骨干建设项目院校成立了校企合作办学理事会，成立了职教集团的骨干院校重点建设专业都成立了学科发展指导管理协会，部分重点专业探索了校企合作的升级模式。

《2018 中国高等职业教育质量年度报告》是由全国高职高专校长联席会议委托，上海市教育科学研究院和麦可思研究院共同编制的高职质量年报，已经连续发布七年。七年来，报告始终坚持需求导向、坚持第三方视角、坚持创新发展，逐步形成了由学生成长成才、学校办学实力、政策发展环境、国际影响力和服务贡献力构成的"五维质量观"，探索建立了不同维度质量评价的指标体系，持续引导高等职业教育强化内涵、提升产教融合的水平，成为社会了解高等职业教育的重要窗口。

正值中国改革开放 40 周年，2018 年报告坚持创新内容、完善体系，努力反映高等教育"改革不停顿，开放不止步"的发展历程。党的十九大提出，"完善高等教育和培训体系，深化产教融合、校企合作"，高等教育产教融合的水平提升迎来新机遇。面对新一轮科技革命与产业变革的新形势，面向 2020 年全面建成小康社会、实施"中国制造 2025"的战略目标，高等教育基于综合改革与本土实践的产教融合的高水平发展理念和体系正在形成，2017 年人才培养工作取得新进展。报告显示：学生自信、上进等良好素养逐步形成，实践教学、社团活动的育人功能日益显现。毕业生就业率、月收入、专业相关度、母校满意度、自主创业比例、毕业三年职位晋升比例等指标稳中有升。毕业生就业产教融合的水平进一步提高，职业发展上升空间扩大，为阻断贫困代际传递做出贡献。云计算、物联网、大数据、智能制造等相关专业高速和高质量发展，支撑新兴产业能力增强。在高校深化产教融合过程中注重将产业先进技术等元素融入教学过程，企业的育人作用不断体现。专业教育与思想政治教育同向同行，呈现全方位育人的良好态势。信息化课堂教学渐入常态化，优质教学资源跨区域跨行业共建共享机制开始形成。高校教育服务脱贫攻坚呈现新态势，形成"专业支撑+产业扶贫""组团式扶贫"等特色模式。校村合作、校镇合作成为城乡融合新模式，成为乡村振兴人才培养的新特点，一批中西部地区院校正在成为当地发展的新地标。优质院校得到地方政府和行业领军企业的认可与支持，为"中国制造"注入新动力。服务贡献五十强院校整体水平有较大提升。高校服务"一带一路"呈现区域特点，开放办学持续深化，境外办学更加多样化。专业教学标准和课程标准逐步得到国（境）外认可，来华留学学生数与培训量增长明显但仍处于起步阶段，亟待高校加强专业标准建设，更需要各级政府的政策引导和资源支持。

报告强调，政府责任是高校发展的环境质量重要方面。产教融合、校企合作、教育脱贫攻坚等政策密集出台，优质院校建设成效显现，创新发展行动计划进一步落实。高校教育生均公共教育费用继续增长。产教融合的水平年报三级发布制度进入常态化，社会影响力增强。高校不平衡不充分发展问题亟待解决，高水平建设更需要强化中央财政的专项引导。报告首次发布的高校教学资源五十强名单显示：东部地区高校资源水平整体较高；中西部地区院校的生均教学科研教学设施值等资源水平较弱，需要加大投入，加强建设；示范骨干高校教学资源水平优势明显，体现出财政专项投入对于高等教育发展的重要作用；教学资源存在明显的区域性和院校不平衡性，亟待政府和院校予以重视。

第二节 高校产教融合存在的不足

目前，中国正处在全面建成小康社会的决定性阶段。工业化、信息化、城镇化、农业现代化同步发展。产业结构在调整，生产方式在变革，经济社会在转型，这些重大的变革带来的必然是社会职业岗位的重大变化，行业、企业对技能型、应用型、创新型、复合型人才的需求明显加大。

然而，当下高等院校人才培养与社会需要的预期还有很大的差距，甚至渐行渐远。一方面，企业和各类机构迫切需要的是能够开拓事业、承担责任的各类人才，但现实状况却不尽如人意；另一方面，每年数百万的大学毕业生急于落实工作单位，却很难找到愿意给他们提供就业岗位的单位。与就业难和就业产教融合的水平不高相对应的是，用人单位高薪也难以聘用到合适的人才，中国中高级技术技能人才需求缺口逐年扩张。麦肯锡全球研究院报告显示，2020 年中国用人单位将需要 1.42 亿受过高等教育的高技能人才，如果人才的技能不能进一步得以提升，中国将面临 2400 万的人才供应缺口。正是基于此，如果地方高校在人才培养路径上不做出改变，那么不仅影响了国家高等教育结构的均衡发展，而且严重制约了区域经济社会的发展。

从教育部 2012 年公布的中国高校毕业生就业率排名来看，985 高校位居第一，高校高居第二，211 学校、独立学院、科研院所分列第三、第四、第五位，而地方本科院校仅列第六位。就业难并不是唯一存在的问题，就业产教融合的水平不高的情况也十分严重。在就业难的形势逼迫下，很多大学生选择非自愿就业。在少部分对口就业的大学生中，55.6%的学生认为所学知识难以满足工作的需要。

一方面是"用工荒"，另一方面是"就业难"，高校人才培养与社会的需要之间存在较大差距已是不争的事实。主要问题绝不是数量问题，实质上是人才培养标准的问题，也就是标准错位。深化产教融合、校企合作，培养大批技能型、应用型、复合型人才是经济社会发展对高等教育提出的新要求，主动适应经济社会转型发展新常态，充分发挥企业主体在实践型人力资源培养中的作用，是全面提高教育教学产教融合的水平，提高大学生创新创业能力的重要渠道和必由之路，更是地方本科院校生存、发展的内在需要。

中国高等教育进入大众化后，让更多的青年学子圆了大学梦，但随之也带来了一系列问题，特别是对高校改革人才培养模式、保障教育教学产教融合的水平提出了更高的要求和增添了更加繁重的任务。历史和实践告诉我们，高等教育必须适应经济社会的发展，否则就将受到惩罚，牛津大学和剑桥大学都是前车之鉴。当 18 世纪 60 年代英国产业革命兴盛之时，产业革命中的技术并不是直接源于英国的高等教育，英国的高等教育与产业革命是一种疏散的关系，高等教育对产业革命没有发挥出应有的作用，牛津和剑桥两所大学对于正在发生的产业革命采取"事不关己"的态度，自我封闭严重，宗教限制严格，学术风气退步，教学水平下降，考试制度僵化，与时代需求严重脱节。结果，两所学校都陷入了长达近一个世纪的衰退。反而是伦敦大学和一系列城市学院在产业革命中的兴起，带来了大规模的新大学推广运动，革新教学方式，承担了许多市场运行中的技术科学实验和研发工作，从而迎来了英国高等教育的全新发展，也实现了高等教育和产业发展技术的有效对接和助推。

校企合作和产教融合是在高等教育发展过程中应运而生的，相对于西方发达国家，我国的高等教育兴起较晚，校企合作也相对滞后。从现状看，高校、从高校升为本科的本科院校以及转型较早的普通本科院校校企合作做得较好，大多数刚刚转型的普通本科院校在这方面还处于起步阶段。我国应用型本科高校的人才培养模式仍处于较低层次的校企合作阶段，还没有达到产教深度融合的理想状态，主要表现在以下六个方面。

一、合作不稳定，融合渠道不贯通

由于企业与学校在性质、体制、功能和结构上的不同，在初期校企双方很难实现真正意义上的合作。公司的发展方向是利润，需要创造经济效益，正是基于此，缺乏与高校开展校企合作的动力。大多数校企合作关系的建立与维系主要还是靠人脉关系和信誉。这样建立的合作关系，大多是短期的、不规范的、难以持久的低层次合作，未能形成统一协调的、自觉的整体行动，合作的成效参差不齐。要真正解决这些问题，就要尽快构建由政府主导的校企合作政策与管理机制，以立法的形式制定有关高等教育校企合作的法规或条例，明确政府、行业企业、高校在校企合作中的职责和义务。完善的制度内容是高等教育产教融合发展的根本保障，也是高等教育人才培养工作顺利开展的基础。要改变我国高等教育发展现状，加快落实产教融合政策，需要各级政府出台与之配套的规章制度。在这方面能给二者架起桥梁的就是政府。虽然地方政府出台了一些助推校企合作的地方性文件，然而政府的提倡只停留在政策层面，缺乏刚性约束机制。在鼓励措施方面，与传统意义上高等院校单一的教育模式不同，助推高等教育产教融合需要不同行业企业的积极参与，协助高等院校开展教育活动。但是，由于目前政府机构所出台的政策在内容设计上较为宏观，缺乏强制性，在产教融合深入发展阶段无法规范企业的参与行为，所以不少企业在校企合作教育开展过程中仅仅关注自身的经济利益，不愿主动融入高等院校的人才培养过程；校企之间缺乏更深层次的交流，难以体现产教融合发展的现实意义。在各种制约因素的影响下，当前高等教育产教融合制度建设依然存在诸多不足，尤其在鼓励措施、管理机制、法律和法规建设等方面，难以为产教融合的顺利开展提供保障。尽管自 2014 年起，国家针对教育发展现状，在产教融合政策制度建设方面投入了大量精力，国务院也在《关于加快发展现代高等职业教育的决定》中明确强调了在高等教育发展中落实产教融合的重要性，充分肯定了产教融合的价值。但在产教融合发展的相关法律和法规建设上较为滞后，致使不少地方高等院校在与企业合作时，无法通过法律途径维护自身的权益。

在管理制度和模式建设方面，作为一个系统的发展工程，产教融合的深入实施需要高等院校、地方政府及社会企业三大主体的相互协调及配合。政府部门作为协调性机构，应在实际发展过程中发挥自身的组织协调作用，通过建立相关制度，明确高等院校、行业、企业等主体在产教融合实施过程中的地位、责任分工，监督校方、企业单位工作的落实。尽管高等教育产教融合政策出台以后，教育部门在高等教育法中明确了政府、高等院校及企业的责任，但没有详细规定各组织机构的具体责任内容，致使国内产教融合政策实施时存在缺乏主体或主、客体颠倒的情况。此外，与其他经济政策类似，产教融合政策的实施也需要国家法律和法规的保护。传统的学校教育制度偏重院校自身发展而忽视面向经济建设的发展。这导致在理念和认识上存在诸多误区，各地各院校对产教融合缺乏共识。

有人认为校办产业就是产教融合，有人主张产教融合就是办"校中厂""厂中校"，有人觉得企业的逐利性与学校的公益性之间具有不可调和的矛盾，产业与教育是不可能实现融合的，等等。正是基于此，对高校教育深化产教融合缺乏应有的重视。2016 年，国务院教育督导管理委员会为引导高校加强内涵建设，促进产教融合、校企合作，将全国高校评估的主题确定为"高校适应社会的需要能力评估"，将企业参与高校办学、共同育人和服务经济社会等指标作为评估的重点，以推进高校提高人才培养和服务地方经济社会发展的能力。但从现实状况看，这一主题并未像"高校高专院校人才培养工作水平评估"和"高校人才培养工作评估"等评估工作那样更加引起高校的重视，很难真正发挥好助推价值。配套政策与评价体系不足，使得企业方面缺少动力。

目前，国家和地方在高等教育产教融合方面的法律和法规建设上仍显薄弱，相关条款的力度、操作性与约束性也存在不足。在此情况下，产教融合往往容易流于表面，不够深入，企业参与高校教育的驱动力欠缺、有效性不够，存在浮躁、急功近利的现象。高校教育深化产教融合的政策体系、标准体系、统计体系、绩效评价等亟待加快形成。尤其是当前大数据已成为国家重要基础性战略资源，正发挥着引领全局、覆盖全面、贯穿始终的独特作用，引导着人财物等各类资源各尽其用。在此背景下，更加需要加快完善统计、分析与评价体系，及时反映产教融合的水平与效益。《关于深化产教融合的若干意见》要求"积极支持社会第三方机构开展产教融合效能评价，健全统计评价体系"，并要求"强化监测评价结果运用，作为绩效考核、投入引导、试点开展、表彰激励的重要依据"，若能够加快落地，将对深化产教融合突破瓶颈发挥重要的作用。产教供需的双向对接困难重重，市场的优秀力量难以进入高等院校专业教学。产教融合的育人价值在于把产业升级的先进技术、先进工艺等融入教育教学资源与教育教学过程中，使专业教学能够不断对接产业发展、服务产业发展。但是，由于高校体制内教师的专业能力往往难以适应产业升级和技术高速和高质量发展的要求，加上繁重的专业教学课时压力，所以专业教师既缺乏对接产业发展的能力，也缺乏吸收产业先进技术元素的时间和动力。而行业企业和社会培训机构在面向市场、对接产业升级和技术发展方面具有优势，作为体制外的存在，是要有灵敏的嗅觉与快速反应才能生存和发展的，它们可以为高校面向市场、对接产业发展需求提供优质的课程资源和教学服务。但是，由于市场治理结构还不完善，既缺少体现市场合作和产业分工的专业化教学服务组织，也缺乏引入这些市场优秀力量的动力和机制。

二、合作模式单一，合作内容不深入

应用型本科高校要实现人才培养、终身教育、技术创新、社会服务等功能，必须与行业企业紧密结合，与地方社会经济发展实现良性互动，校企合作、产教融合应贯穿于人才培养的全过程。校企合作的深度和广度直接关系着人才培养产教融合的水平的高低和高等教育社会功能的实现。然而现阶段我国地方应用型本科高校正处于转型发展的初期阶段，校企合作主要局限于共建学生实习基地、订单式培养、岗位实操等，转型较快的院校引企入校建立校中厂或引校入企建立厂中校。但总体来看，合作模式比较单一，合作内容不够深入、系统、实在。出现这种局面的原因是多方面的，主要是校企双方对合作内涵和意义认识不到位，没有建立起合作的长久的发展制度和约束机制，企业出于自身的原因对合作缺乏动力和热情，地方高校对校企合作准备不足，没有制订出科学合理的校企合作方案。

作为实施政策的协调组织及监督机构，政府部门在高等教育产教融合政策的实施中有着决定性影响。在经济法律文件中，没有针对校企合作、产教融合出台专门规定，也没有建立学校与企业之间经济利益的分配标准。虽然国家在产教融合的政策建设上做出了大量的努力，并于2017年12月出台了国务院办公厅《关于深化产教融合的若干意见》，其中对强化企业重要主体作用做出了相关的任务分工，但从分工内容上来看，仅仅进行了宏观层面的规划指导，在具体的制度建设上还有很长的路要走。一旦具体制度建设无法跟上产教融合的发展步伐，将很难引导校企双方走规范化合作道路。尽管在国家的号召下，教育部门现已通过文件发布的形式，进一步完善了产教融合发展政策，要求校企加强交流与合作，共同培养更多高素质的技术技能型人才，但现有政策文件在内容设置方面多以鼓励、倡导为主，缺乏执行层面的引导性政策，导致校企双方难以在产教融合实施过程中形成默契。实践表明，产教融合的深入发展必将涉及不同主体资源的整合，在整合过程中因不同主体而考虑的侧重点不同。正是基于此，在校企合作的责任、权利及利益分配上极易出现分歧，需要国家通过法律和法规给予明确规定，保障校企合作更加有序。然而，至今国内立法机构尚未针对高等教育产教融合建立一套较为完整的法律制度体系，仅国务院相关部门、地方的法律和法规有一些提及。此外，实际调查发现，尽管诸多高等院校在多年的产教融合尝试中已经积累了丰富的发展经验，但仍然没有权威机构建立一套完整的指导性手册，以明确企业参与高等院校人才培养的具体要求，指出企业可享受哪些方面的特权、需承担哪些义务及责任。法律、制度及政策方面建设迟滞，使得不少高等院校在产教融合发展中难以与企业建立长久合作机制。由上述情况可见，当前政府部门在高等教育产教融合发展的政策推广方面存在诸多不足，致使不少高等院校还未全面了解产教融合发展的实质内涵。整体来看，目前政府机构在产教融合推广方面的不足主要体现在以下四个方面。

第一，未能及时根据校企合作的现实状况出台相关管理机制，明确校企双方的分工。

第二，未将职业资格证书与人才培养的关联性体现出来，致使校企双方的合作缺乏规范性。

第三，政府机构还未明确自身在校企合作中的地位，未将组织协调作用发挥出来。

第四，尚未根据社会主义市场经济情况，建立社会化评价体系；尚未对参与产教融合企业的资质进行客观评价，确保校企合作产教融合的水平。多方面的不足导致校企双方在实际合作中流于形式，难以形成真正的默契，无法合力培养高技能型人才。

缺乏法律保障。在产教融合、校企合作中，对于校方与企业的责任与义务、风险与收益、资质与范围等内容没有明确的法律规定，学校、学生和企业在产教融合中的合法权益得不到保障，产教融合难以顺利开展。

缺乏组织保障。学校和企业之间缺乏沟通的桥梁和协商的平台，没有统一的组织协调部门，导致产教融合难以大规模、高效率、有条理地开展。

缺乏制度保障。一方面，高校缺乏产教融合的制度保障。大部分高校都处于产教融合的探索阶段，在学时分配、教员配置、资金投入、学生考核等方面都缺乏制度规定，导致产教融合难以走规范化道路。另一方面，地方政府、企事业单位和教育行政部门缺乏对产教融合的指导性文件，导致产教融合缺乏理论指导和行为规范。

受到传统教育观念的影响和办学条件的限制，部分高校还没有形成产教融合的意识，仍然坚持"重理论、轻实践"的教学理念，在课程设置、办学模式、师资力量等方面的条件无法满足产教融合教学的需求，给产教融合教学模式的构建与实施带来困扰。

课程设置不够完善。高校在专业设置、课程内容、课程结构等方面存在较大缺陷，专业设置存在盲从、跟风、墨守成规等问题，导致学科发展无法满足企业需求，学生就业困难；课程内容存在教材陈旧、技术落后、知识更新缓慢等问题，导致理论知识的传授与企业实践脱轨；课程结构存在课时分配不合理、理论无法联系实际等问题。

办学模式创新不够。高校在办学模式上，一是过分强调整齐划一，缺乏行业特色、无法满足企业具体需求。二是基础设施落后，无法带领学生积极开展教学实践。三是战略定位落后，没有带领学生参与社会实践，走进工作岗位。四是师资力量不够。产教融合要求教师不仅具备深厚的专业理论知识，更要具备丰富的职业经验和良好的专业技能，高校教师能否完成思想观念上、角色位置上和业务能力上的转变，满足产教融合的需求，成为产教融合能否顺利开展的关键。

目前，许多企业还没有意识到产教融合能给企业带来的切实利益，认为校企合作就是将企业作为学校的实训基地，履行培训学生的职能，无法为企业创造价值。对于产教融合在助推企业创新、提高员工素养、提高生产水平和效率等方面的作用持不乐观的态度。

三、在合作对象的选择上存在误区

在社会主义市场经济背景下，行业之间的分工日益明确，企业的生产功能与学校的教育功能逐渐划分出明确的界线。在行业竞争压力日益激烈的今天，不少企业缺乏参与产教融合的发展动力，即便是响应国家政策来参与高等院校产教融合，也多半是浅尝辄止，不愿与校方展开深入合作。作为以营利为发展宗旨的企业，以追求利益最大化为主要目标。校企双方在合作对象选择上都存在认识误区和实践误区。很多地方应用型本科高校在校企合作方面，往往急于求成，片面追求高大上，把目标瞄准域外大型行业企业，追求轰动效应，满足虚荣心理，结果由于自身条件和区位限制，合作效果不佳。从企业行业来看，企业在选择合作对象时，往往患得患失，追求短期利益，缺乏长远战略。由于地方高校处于转型发展的初期，能够为企业提供直接利益的能力有限，所以在短期利益驱动下企业不愿承担校企共育人才、扶持地方高校发展的社会责任，即使合作也更愿意选择那些科技研发能力强、人才培养产教融合的水平高、能够带来直接经济利益的老牌高校。由于校企双方合作理念、合作目的相左，利益相悖，如果缺乏约束机制，校企双方很难走到一起，即使勉强合作，也不会有好的效果。尽管从表面看来，由于人才培养需要耗费大量的人力、物力及财力，所以不少企业在实际发展过程中，并不愿意将人才培养纳入产业价值链，而是倾向于借助产教融合与校方展开合作，以此降低自身的人才培养成本。但发展事实表明，企业与校方开展合作并非"免费"，它们也需要向学校提供大量的资金、设备，为高等院校教学活动的开展提供保障，甚至也会定期到校参与学校举办的实践课程教学，这也将耗费大量的资金。正是基于此，与和校方合作相比，企业更倾向于将设备及资源用于内部人才培养上，这样一方面能体现出自身的人性化管理，提升对优秀人才的吸引力；另一方面也能将资金用于购买专业化设备或直接投放到生产一线，为企业带来经济利益。国内不少发展较为成熟且资金较为雄厚的企业，若非考虑企业社会形象的塑造及企业品牌知名度的提升，并不愿意主动加入高等院校的产教融合发展队伍。与此同时，反观我国多数中小型企业，出于运营资金的压力，在转型升级阶段一般只有在岗位需要人才时才会招聘，平时并不注重人力资源的储备，也没有将更多的精力和财力放在产教融合发展中。大型企业的不屑及中小企业的力不从心，使得高等教育产教融合陷入进退两难的局面。此外，高等院校作为以培养技术技能型人才为主的组织，与其他普通院校相比，在理论创新方面较为薄弱，也难以给处于转型升级中的企业带来具有潜在商业价值的思想。学校以培养人才为主要目的，强调"过程比结果重要"；企业则强调"结果比过程重要"，认为能为企业带来经济利益才是关键。这两种相反的思想主导的规章制度，若用于对同一群学生的培养，必然出现冲突，加剧校企双方的矛盾。在诸多因素的制约下，企业参与高等教育产教融合的积极性和动力不足。

虽然大型企业愿意为学生提供顶岗就职的机会，但因现有的技术能力有限，岗位实操结束以后能留岗就职的学生较少，所以不少企业参与产教融合的投入资金与收入难成正比，反而给其生产埋下了诸多安全隐患，致使校企双方在合作过程中难以实现共赢，也导致企业在产教融合发展过程中的积极性不高，不愿意投入过多的精力和资金成本。除以上两点因素以外，校企双方的文化差异，也是当前不少企业不愿积极参与产教融合的主要因素。

四、校企合作的经费难以保障

校企合作是一个复杂的系统工程，校企双方联合进行科技研发，共建科研和学生实训平台，都需要投入大量的人力、物力和财力。但现状是，国家和大多数地方政府鼓励和助推校企合作的奖励拨款制度和财政拨付机制还不完善，国家对企业深度参与高等教育的高等教育税费、信贷优惠政策还没落实到位，社会捐助渠道也不畅通。从企业层面来看，按照校企深度融合共育人才的要求，企业应当全程参与教育，对人才培养投入一定的人力、物力资源，但是目前的校企合作关系设计多以学校为中心，无法保障企业在合作中的获益，导致企业的积极性不高。从高校层面来看，部分经济发达地区的高校，经费比较充裕，而那些经济欠发达地区的高校，经费本身就不充裕，投入有限，校企合作的深度难以保证。作为行业发展的指导性组织机构，行业协会对于经济社会行业发展有促进作用，能够根据社会主义市场经济的变化完善岗位职能。目前，我国政府为了保证经济的有序发展，通过政策文件的发布强化了自身的管理职能，在很大程度上削弱了行业协会的指导职能，无法为产教融合发展保驾护航。尽管在产教融合实施阶段，教育部门出台了一系列政策性文件配合行业协会开展工作，但取得的效果并不尽如人意。另外，在我国相关法律文件中，行业协会在高等教育发展中的指导地位并未得到保障，没有充分体现其社会价值。

之所以产生以上问题，除了国家法律规定缺位以外，也从侧面反映了国内行业协会自身发展的不足，尤其体现为对行业岗位标准及课程标准建设的指导作用有限，在助推高等教育产教融合上缺乏相应的法定职能。目前，全国已成立六万多个行业协会，大致可分为中央、省级、市级与县级四大层次，在少数民族地区也相继开设了自治行业协会，为市场行业的有序、协调发展做出了巨大贡献。然而，在科技创新及商业运营模式变革的双重引导下，国内职业岗位发生了翻天覆地的变化，致使国内行业协会难以根据市场发展走势，给出更为详细的职业标准，协助企业发展。高等教育产教融合涉及的内容较为丰富，除基本的人才培养以外，还需协助企业开展技术研发、产品创新等工作。日益丰富的教学内容和人才培养模式虽为高等院校教学产教融合水平的提升提供了发展路径，但也意味着需要投入更多的启动资金。高等教育产教融合如果仅仅依靠政府有限的经费投入往往难以为继。由于目前尚未建立与之配套的资金投入保障制度，加上科研创新存在诸多偶然性及不确定性，所以大部分企业不愿意将大量经费注入高等院校产教融合实践中，开展的诸多科研工作也时常因为经费问题陷入困境。现阶段如何确保高等教育产教融合资金的稳定投入，已成为业内人士探讨的核心。如果该问题不能及时解决，势必导致高等教育产教融合的价值大打折扣。

五、双师型师资队伍建设滞后

校企合作需要校企双方共建一支具有双师素质的高水平师资队伍，很多转型发展的地方高校已经采取多种措施开展双师型队伍建设，但就现状来看不容乐观。很多地方高校刚从高等院校转为应用型高校，原来的师资以理论知识的传授为主，无法适应实验、实践等实践型人力资源的培养工作，更谈不上和行业、企业联合进行科技研发等应用型科学研究，服务地方社会经济发展的能力有限。而企业师资虽然实践动手能力强，但多数理论功底不足，且缺乏从事高校教学的基本技能和方法训练。师资队伍的薄弱严重制约了产教融合的深度和广度，影响了实践型人力资源培养的产教融合的水平。

六、产教融合的水平保护机制和评估体系的缺位

有的学校即使制定了管理制度和产教融合的水平标准，在执行过程中也存在这样那样的问题，导致有章不依。例如毕业实习，很多高校学生实习时间长达一年，但如何对学生实习尤其是分散实习进行有效管理，如何规定高校和企业指导教师的职责，如何评价实习效果等这些问题还没有得到很好的解决。产教融合的水平保护机制和评估监督体系的缺位

和不完善，导致目前大多数高校的校企合作处于散乱无序的状态，更谈不上保证产教融合的水平。

从目前的情况看，校企合作各环节如专业设置、师资队伍建设、实验室建设、课堂教学、就业前实践、毕业设计都缺乏与实践型人力资源培养相适应的产教融合的水平标准和规范的管理制度。

第三节　产教融合发展的必要性及建议

根据《现代职业教育体系建设规划（2014-2020 年）》，我国现代教育体系除基础义务教育外，还分普通教育体系、高等教育体系、继续教育体系三部分。初等高等教育、中等高等教育、高等教育构成高等教育体系，高等教育里面分高校专科、应用技术型本科、专业学位研究生三个层次。而普通教育体系包含普通高中教育、普通本科教育、学术学位研究生教育三部分。高校教育是高等教育的重要组成部分，是高层次高等教育。《教育部关于加强高职高专教育人才培养工作的意见》（以下简称《意见》）指出，高校教育的培养目标是"培养拥护党的基本路线，适应生产、建设、管理、服务需要的，德、智、体、美等方面全面发展的高等技术应用型专门人才；学生应在具备必备的基础知识和专门知识的基础上，重点掌握从事本专业领域实际工作的基本能力和基本技能，具有良好的职业道德和敬业精神"。《意见》同时指出："高校教育要以培养高等技术应用型专门人才为根本任务，以适应社会需要为目标，以培养技术应用能力为主线设计学生的知识、能力、结构素质和培养方案，毕业生应具有基础理论知识适度，技术应用能力强，知识面较宽、素质高等特点；以应用为主旨和特点构建课程和教学内容体系；实践教学的主要目的是培养技术应用能力，其在教学计划中占较大比例；要有一支'双师型'教师队伍；学校与社会用人部门结合，理论与实践结合是基本途径。"该《意见》对高校高专培养方案、知识体系、技术技能、师资培养、培养途径等七个方面做了明确要求。《教育部关于以就业为导向深化高等职业教育改革的若干意见》将培养目标定义为"坚持培养面向生产、建设、管理、服务第一线需要的'下得去、留得住、用得上'，实践能力强，具有良好职业道德的高技能人才"。该《意见》对高等教育培养目标进行了明确指向：面向基层一线培养人才。

综观我国高校产教融合，校企协同是高校开展大学生双创教育重要的保障机制。高校的大学生双创教育发轫于 20 世纪 80 年代末期，我国高校开展大学生双创教育已有近 30 年的探索和积累，已经将高校的大学生双创教育纳入高等教育体系。就高校教育而言，我国高校教育在 20 世纪末才得以高速和高质量发展，在 21 世纪初期形成办学规模，与本科教育相比高校的大学生双创教育起步晚，且理论研究和实践尚未融入人才培养的全过程教育机制。

随着国家创业带动就业的战略推进和构建产教融合的现代高等教育体系的提出，高校的大学生双创教育在中国又发展到了一个新的转折点。对照产教融合、构建现代高等教育体系的要求，高等院校的大学生双创教育主要存在以下四个方面的问题。

一、提高人才培养产教融合的水平，提升办学水平的需要

技能和职业素质的培养一定要具备以下四个基本条件。

第一，有丰富工作经验的老师（师傅）。

第二，有一定的职业环境。

第三，有工作岗位这个载体。

第四，经验积累。

在技能培养过程中，学生要在老师手把手指导下，在工作岗位上接受长期的磨炼，积累经验，才能不断成长。正是基于此，传统的培养方式已经不能适应高校教育，只有通过创新培养模式，使高校和产业深度融合，通过"五个对接"，才能培养出高技能人才。

高等院校的大学生双创教育 20 世纪 90 年代初期刚刚起步，发展至今，已经取得了一定成效。行业、企业本是高等教育最大的受益者，也应是办学主体之一，但对推进高校的大学生双创教育关注度低，在校企合作中难以提供高校的大学生双创教育实践平台，尚未建立高校的大学生双创教育培训、实践支撑和服务体系。但是，目前高等院校的大学生双创教育主要以学校实施为主，主要教育实践活动还没有参与社会实践，尚未形成政府、行业、企业和高校多主体协调推进的机制。政府层面虽然已经出台了一些推进高校的大学生双创教育的政策，但是与社会、行业和企业相关的创业优惠政策难以真正落到实处，缺乏法律保护机制，也缺少创业资金支持。

二、行业企业发展需求

部分高校对大学生双创教育的认识存在偏差，没有将大学生双创教育定位为适应经济社会和国家发展战略需要。调查显示：大多数高校的大学生双创教育依附于就业教育，把

高校的大学生双创教育作为提高毕业生就业率的一种手段，把高校的大学生双创教育和创业混为一谈，只是简单地向学生传授创业知识和创业技能，未能形成重视创业实践体验的、完整的高校的大学生双创教育课程体系。如果说机器设备等因素决定行业企业发展空间的下限，那么员工产教融合的水平、员工素质则决定行业企业发展空间的上限。培养出高技能人才应是行业的学生有较高素质和技能，一毕业就就业，一进厂就上岗，实现了就业零距离。目前我国高等教育已经在推进产教融合中形成了"订单式"培养、工学交替、校中厂、厂中校、"政、校、企"联动等校企合作育人模式，形成了"合作办学、合作育人、合作就业、合作发展"的校企合作人才培养理念。用人单位也节省了一大笔新员工上岗培训费，降低了企业成本。员工技术好、素质高一定能带动生产水平和效率的提高，提升经济效益。高校的大学生双创教育被联合国教科文组织称为教育的"第三本护照"，和学术教育、高等教育具有同等重要的地位。高校的大学生双创教育作为一种教育体系，必须结合和渗透到现有的高校教育体系之中。但是，高校的大学生双创教育在顶层设计上还没有依托产教融合、工学结合的平台，融入高校人才培养体系，作为建设产教融合职教体系的重要组成部分，在制订专业教学计划时未能把创业意识培养、创业素质的提升作为高校的大学生双创教育的主要内容融入专业教育教学过程之中，也没有渗透到理论和实践教学的课程体系，更没有落实到各个环节，形成与工学结合有机融合、校企协同全过程培养人才的高校的大学生双创教育机制。

三、社会经济发展由向人口要红利向向人才要红利转变的需要

我国改革开放以来几十年社会经济建设取得了伟大成就，在一定程度上，人口红利贡献很大。随着我国实际劳动力人口拐点的到来，原有的发展的路径难以为继，必须从"流汗模式"切换到"智慧模式"。它将构建政府、学校和社会三方新型关系，促进形成政府宏观管理、学校自主办学、社会广泛参与的新格局，支持社会、行业、企业以资本、知识、技术、管理等要素参与举办高等教育，从而建立健全政府主导、社会参与的办学主体多元、办学形式多样、充满了蓬勃的生机的高校教育办学体制，具备政府、行业、企业和高校等多方主体协同融合，推进校企全过程培养人才的特点。

正是基于此，加快转方式、调结构、促升级是以后一段时期的"新常态"。创造人才红利，实施创新驱动是今后社会经济发展的助推器。产教融合是教育制度，同时也是经济制度、产业制度的组成部分。

四、学生提升自我价值的需要

高校教育的职业性决定了学生能知晓所学专业对应岗位群，知晓通过三年大学学习能掌握何种技能，学习目标具体而明确。产教融合这种培养模式能激励学生学习积极性，有利于学生知识的构建、技能的掌握，更有"获得感"。另外，学习目标的明确可以更好地激励学生学习，在有效的动力助推下，学生更加具有强烈的自我存在感，进而使自我价值得到相应地提升。

第三章

创新创业教育

第一节 大学生创新教育

一、创新教育概述

（一）创新教育概念

关于创新教育，学者们的看法各不相同。有的认为，创新教育就是以培养人的创新精神和创新能力为基本价值取向，通过创新的教学活动来培养学生的创新能力。在这当中，创新能力的培养是创新教育的核心。围绕这个核心，教育工作者可以从创新意识的培养、创新思维的培养、创新技能的培养和创新人格的培养这四个方面来理解和实施创新教育。有一种观点认为，创新教育就是在教育的过程中，以启发、诱导的教育方式为手段，以激发开辟人的创新意识为核心，以整体素质的培养提高为载体，以着力塑造人的创新精神和能力为重点，全面实现人才的培养目标。也有另一种观点认为，创新教育的本质就是培养创新人才，所谓的创新人才应具备全面的、综合的素质，既包括能以释放个人的生命本质力量为基点，以全面提高个人的社会效能为最终目的所养成的科学意识、科学态度、科学精神、科学观念、科学知识、科学技能组成的科学素质，还包括由爱国主义精神、修身之道、思想政治灵魂、人格道德理念、人文能力组成的人文素质以及健全的身体心理素质。

综上，创新人才的鲜明特征应体现在以下几个方面。

1. 知识广博

创新不是无源之水，也不能单靠创新精神和热情就可以做到，它必须以丰足的能源为基础。所以，拥有创新素质的人才应具有广博的知识，不仅掌握本学科的基本理论、基本知识、基本技能，还通晓其他学科的知识，并且形成综合性的知识结构体系，为自己的可持续发展提供基础和可能。

2. 思维敏锐

思维能力强，具有创业者和企业家所需要的开拓精神，能站在整体的角度以多向思维甚至是批判性思维方式，分析和处理问题。

3. 突破能力强

具有超越现代的意识，能在一定领域在前人研究成就的基础上实现突破性、前所未有的进展，及时创新或在他人之前创新一种社会经济发展所需要的新观点、新理论、新产品、新工艺、新技术、新方法等。

4. 事业心和责任感强

事业心和责任感强，对自己所从事的事业怀有执着的追求，具有锲而不舍的精神；人格心理品质优异，心理承受能力强，能从容应对变化与挫折，较好地处理各种压力；交际能力强，有合作精神，能意识到自己同他人的依存关系，在尊重与维护自己利益的同时，尊重他人利益，以公平的心态、互惠的原则处理事务，谋求共同发展。

（二）创新教育的特征

基于以上对创新教育的描述，可以概括出创新教育的基本特征。

1. 创新教育是一种旨在培养创新人才的教育

教育的根本目的说到底是培养全面发展的人，而在人的全面发展中，最重要的是人的创新精神、创新思维与创新能力。高等学校培养创新人才，首先要培养学生鲜明的创新个性，要以人为本，因材施教。其次要做到学校社会化，要加强学生的实践环节，提高学生解决实际问题的能力。再次要使学生兼具人文精神与科学精神。最后要使学生具有国际竞争与国际合作能力。

2. 创新教育是一种超越式教育

传统教育强调的是如何学习和积累前人的知识，从本质上来说，这种教育方式只是在发挥"复制"前人知识的功能，并无深刻且内涵独特的创新意义可言。创新本身就意味着超越，相对于传统教育，创新教育强调的是在积累前人知识的基础之上，不断创新，超越前人。创新教育就是要培养学生以积极主动的精神去丰富、创新和发展前人的知识。因此，可以说创新教育是一种超越式教育。

3. 创新教育是一种主体式教育

教育理论早就倡导学生是教育的主体，但传统教育模式却以学科和专业为中心，学校按专业来安排课程，教师以学科知识的系统性和连续性进行讲课，学生则以学校安排好的专业和课程进行学习。这种教育模式强调的是作为教育客体的学科，而不是作为教育主体的学生，其教育方式是呆板、僵化的，学生缺乏充分的自主选择权，是一种客体式教育。与传统教育相比，创新教育培养的是创新人才，追求人格发展的特异性与和谐性相统一。创新意味着尊重个性——创新教育以学生为中心，坚持从学生个性出发，注重学生个性的培养和发展，给予学生充分的自主选择权，以最大限度地激发学生的积极性、主动性和创造性为目标。在传统教育中，学生是分数和书本的奴隶；在创新教育中，学生则是学习的主人。

4. 创新教育是高层次的素质教育

素质教育是现代教育思想的体现，其内涵是面向全体学生，全面培养学生的基本素质，培养学生的创新意识和创新能力。创新是一个综合的素质，从这个角度上说，素质教育是创新教育的基础，因为只有在素质全面发展的基础之上，才能形成创新精神和创新能力。而从教育模式的角度来看，创新教育则是高层次的素质教育，它所培养的素质不是一般的素质，而是代表人类本质最高体现的创新素质。

二、构建高等学校创新教育体系

素质教育，它所培养的素质不是一般的素质，而是代表人类本质最高体现的创新素质。

高等学校的创新教育是一项复杂的系统工程，它要求学校的一切工作都要紧紧地围绕着创新教育来进行，都要紧紧地围绕培养创新人才来进行。因此，构建高等学校的创新教育体系是全面实施创新教育的关键。

（一）抓住教学这一中心环节进行教学体系创新

1. 转变教育、教学思想

在我国，长期以来把学校看成单纯传授知识的场所，教育、教学的任务就是向学生传授知识，学生就是接受和存储知识。在这种思想的指导下，形成了"三个中心"的教学思想体系，严重地影响了学生学习的积极性、主动性和创造性的发挥。因此，改变旧的传统教育思想观念是培养创新型人才必须首先解决的问题。科学的教育学告诉我们，现代教育、教学的任务不只是传统知识，更重要的是发展、培养学生的智能，必须把培养学生的创造能力放在重要地位。除了教给他们最基本的理论、知识、技能以外，更重要的是培养学生具有多方面的能力，特别是运用已有的知识去获取新知识的能力和勇于探索、勇于创新的创造能力，掌握发展新的科学理论的思想方法，建立起合理的智能结构，学会在探索知识的过程中进行创造性的学习和工作。这就要求我们必须在教育、教学思想上来个转变，既要重视知识的传授，更要重视学生的培养，特别是创造能力的培养，并把两者统一起来。

2. 更新教科书的编写思想

科学研究以及对理论成果的实际应用都是创造性的工作。但是，创造能力不是天生而来的，需要在教学过程中有意识地加以培养和训练。通过对教科书中知识创造过程的介绍以及书中丰富例题和习题的练习，学习和借鉴前人的经验和方法去分析和解决问题，虽然是一种模仿性的训练，但模仿常常是创造的基础，模仿可能会孕育出创造的种子。从模仿走向创造，是人们的一种共同经验。因为在模仿遇到困难时，就是人们发挥创造能力进行新的创造的开始。起初可能只是对前人工作的改进和革新，进而则有可能做出根本性的创造。

目前，我国高校各门课程的教科书都是按照学科知识体系编排的，多重视已有的知识结论，忽视知识的创造过程，而且书后例题多为重复性练习，没有提出创造性要求，致使学生在学习和训练时思维懒惰，没有创新。因此，要转变教科书的编写思想，将结论与过程统一，历史与逻辑统一。在保证知识体系完整的前提下，增加知识创造过程的内容，按问题提出解决问题的途径和方法、获得的结论、可能发展的方向来叙述各种知识。这样不仅有助于学生了解科学规律，认清科学的不稳定性和暂时性，并可激发创造欲望，而且有助于学生通过了解科学创造的过程，形成和学会蕴含在其中的科学精神和创造方法。

3. 提供创造性的教学环境

从学生的心理发展和认识水平来看，大学生和中学生有着显著的差异。大学时期，学生主要是处于一个求索和发现的阶段，比中学生更多地具备了独立认识世界和事物的能力。因此，在大学教学过程中充分发扬教学民主不但是必要的，而且也具有了可能的心理基础和相应条件。苏格拉底以对话为主要形式的"催生术"可以借鉴，但更重要的是，教师必须放下架子，以平等一员的身份与学生进行坦诚探讨，鼓励学生提出各种新异见解，而不是以真理或权威的化身对学生的各种观点下结论。许多大学进行的各种课堂讨论之所以收效甚微，关键就在于教师缺乏科学、民主的精神。

许多教育心理学家认为，创造性的培养离不开"创造性的环境"和"创造性的气氛"。在高校里，创造性的环境和气氛要依靠教师的创造性教学和科研活动来形成。但是，并不是说教师搞科研就自然建立了这种环境，重要的是教师必须将科研过程引入教学过程中，与学生产生接触与联系。这样形成的才是一种积极的有教育价值的创造性教学环境。现在许多教师的科研工作完全与学生脱离，不仅使学生对科研工作产生了神秘感，激发不出创造欲，而且对于教师本人的科研来说，也是一种消极的"画地为牢"。

4. 加强实践教学环节

培养大学生的创造能力，还必须加强教学的各个实践环节，注重理论联系实际，给学生培养思维能力、独立工作能力和创造能力的机会。加强实践性教学，首先要加强实验课教学。在实验过程中，要鼓励学生不受已有知识的束缚，要敢于突破已有"知识圈"，敢于创造性地进行试验。对高年级的实验课，要尽量增开综合性的、带有研究性的项目。改变"抱着学生走"的方法，从实验设计方案、实验操作、分析解决实验中出现的问题，直到完成实验报告总结，都让学生在教师的指导下独立完成，把实验过程变成理论联系实际、培养学生独立工作能力和创造能力的过程。其次要鼓励学生积极参加科学研究。学生时代思想最活跃，最富有想象力，通过参加科学研究，培养学生的创造能力，为毕业后进行创造性的工作打下良好的基础。因此，学校要尽可能创造条件，鼓励学生积极参加科学研究活动。最后还要加强第二课堂和其他教学实践环节的研究，广泛培养学生的兴趣和爱好，为发展学生的创造才能创造条件。

5. 改革教学管理制度

高等教育要培养创新型人才，教学管理制度的改革必须和教学本身的改革同步进行。要改变过去不利于创新型人才培养的教学管理制度。我国高等学校在应试教育思想影响下，往往对学生以分数高低和是否"听话"分优劣。建立在这种思想上的管理规章制度，不但束缚了学生手脚，而且影响了学生素质能力的培养，特别是创新精神、创造能力的发挥和培养。为此，应增加鼓励学生创造性活动的内容。如在制定评选奖学金标准时，要注意体现有利于对学生创造能力的培养。在成绩考查评定上，要增加有关进行独立思考和创造能力的规定和标准，对于创造能力较强并取得创造成果的学生，要有一些特殊待遇。有条件的高等学校应把"封闭式"的教学管理制度改为"开放式"，使学生根据个人的学习基础和兴趣爱好，积极主动地构建个人的知识结构，充分发挥每个学生的聪明才智和创造才能。创造性人才培养还和思想政治工作有着密切关系。一个人的创新精神是在正确思想认识的基础上，在情感的激励下发生和发展起来的。加强学生的思想政治工作，培养他们的荣誉感、责任感和义务感，使他们逐渐树立正确的信仰和世界观，树立远大的理想抱负，树立为振兴中华、为祖国早日繁荣富强做贡献的思想，才能为学生创新精神和创造能力的培养和发展奠定良好的思想基础。为此，必须改进和加强学生的思想政治工作和各项管理工作，使学生德、智、体、美等各方面得到全面发展。

（二）以改革教育内容为核心构建知识创新体系

以"教师—教材—课堂—应试"为中心的知识传授体系，在培养创新精神和创新能力方面难以有更大的作为。只有以此为基础，重建以"发展知识"为中心的"知识创新体系"，才能更好地满足创新需求。

立足应用性特色，培养创新型人才。学校在课程体系、教学内容的设置上，不能一成不变，沿袭过去，也不应是简单的"拿来主义"，应根据应用性特点培养学生的创新精神、创新能力，作为构建教学内容的原则。这就要对市场需求进行经常性的调查研究，把握市场经济规律以及高等教育运行机制的结合点，不断地调整教学计划、教学目标，使其具有预见性、前瞻性。随着世界经济一体化进程的加快，人才的培养不仅要求掌握一定的专业知识，较强的外语能力，计算机应用能力，一定的外交、经贸、法律、金融等方面的专业知识，也成为高校构建教学内容的重要方面。

围绕应用性目标，重视实验、实践教学。传统实验教学的"验证理论，培养学生的动手能力，培养学生的多种实验技能"的目标应有所突破，实际操作能力对于培养具有创新精神和创新能力的工科学生尤为重要。因此，学校在课程设计和毕业设计中应注重新技术、新工艺、新思想的应用，学校应建立"开放性实验室"，在指导学生实验时应从培养学生的动手能力入手。

（三）改革现行考评方法，构建评价创新体系

1. 构建考核创新体系

构建考核创新体系，包括对创新型教师和创新型学生的考核。改革评教、评学体系和改革考试内容与方法，是培养创新精神与实践能力的有效途径。对创新型教师的考核可以以职称改革为切入点，调动教师的创新激情，提升教师的科研创新和教学创新能力。对创新型学生的考核，可以以现有的考试制度为基础，大力加以丰富和完善。比如，建立创新的考试评价标准，增加没有标准答案的考试内容；改变以考试分数作为评价学生优劣唯一标准的做法，鼓励学生按照自己的个性和特长在不同方面探索和创新；改革考核模式和方法，除开卷、闭卷、笔试、口试外，还可采用网上考试、实践技能操作、撰写专题报告和学术论文及参加科研项目等方式。同时，考试时间也可以由学生自主选择，允许学生提前

申请考试（网上考试技术已经可以支持）。

2. 评价系统起导向作用，学校应当构建具有激励机制的评价系统

对学生，教师应多鼓励、少批评。学校要形成浓厚的创新氛围，使学生产生强烈的创新冲动，并制造创新机会，提供创新条件，让学生的创新冲动转化为创新愿望，最终通过创新行动实现培养学生的创新能力。目前已有许多高校采取积极的激励措施，鼓励和支持学生进行创新活动。

（四）重视非智力因素与动手能力培养，构建全面发展的创新体系

把教育教学从以培养和发展学生的注意力、记忆力、观察力、思维力等智力因素为中心，转到在发展智力因素的同时，注重培养和发展学生的动机、兴趣、情感、意志和性格等非智力因素，并使它们相互促进，和谐统一，协调发展。创新能力离不开智力活动，但创新能力绝不仅仅是一种智力特征，更是一种人格特征，一种追求创新的意识，一种积极探究问题的心理取向，一种积极改变自己并改变环境的应变能力，是智力因素和非智力因素的综合。

目前我国独生子女占人口的比重很大。这个早期受到过度保护的群体，丧失了许多接受挑战和独立思考的机会。一项调查表明，在我国身体素质最高，智力素质次之，非智力素质最低。根据这些实际情况，加强培养和发展非智力因素显得更为必要。

培养和发展学生的非智力因素，是一项需要学校、家庭和社会相互配合、共同进行的系统工程。学校教育要重视通过教学活动向学生讲述科学家的发现、发明、创造所经历的曲折和艰辛，同时应大力开展由学生自己组织、自主参加的各种第二课堂活动，让他们体验成功和失败。在家庭教育中，家长要克服过度保护的倾向，放开手让孩子通过"摸、爬、滚、打"自己长大。社会各界都要努力创造条件，关心和支持学生利用节假日参加各种社会实践活动，接触社会，了解社会，品尝人生的酸甜苦辣。伴随着经济全球化和高等教育国际化的进程加快，高等学校培养的人才只有较高的智力水平是远远不够的。他们还应该具有一定的科研能力、较强的动手能力，要有市场意识、合作精神、顽强的意志和良好的人际沟通能力。一个创新能力强的人一定是在各方面都得到较好发展的人。

（五）全面提高教师素质，构建创新型教师队伍

1. 尽快提高教师的全面素质，改变现行的教材建设模式

在创新教育环境下，教师不仅需要有良好的启发、诱导和培养学生独立思考与创新意

识的教学艺术素质，而且还应有驾驭学科综合知识和对前沿理论创新与实践的能力。在进行一般知识的传授前提下，教师更多地应把实践中的技术难题和学科前沿的理论发展动态等提交给学生，培养学生分析和解决问题的技能与技巧，激发学生的想象力与创新思维能力，使其付诸实践，在实践中磨炼。对于教材的使用，更多的时候应该是参考书，更多内容则应以当代的生产实践和社会实际为主，以学科发展的最新动态为主。因此，教师兼有充实完善教材的责任，也应更多地服务和实践在生产第一线。

2. 着力建设一支立志创新、善于创新的教师队伍

教师应当具有自觉的创新精神、开阔的知识视野以及富有开创性的思维方式和实践能力。他们不应该仅仅是传统文化的继承者，更应该是与学生平等相待的亲密朋友；不应该是故步自封的教书匠，而应该是不断超越和更新自我的教育家。教师应该善于吸收最新的教育科学成果，将其积极运用于教学中，并有独特见解，能够发现行之有效的新教学方法。教师要敢于突破权威思想，建立新型的师生关系，鼓励学生大胆质疑和创新。要重视实践活动，鼓励学生参加课外活动，要给学生提供更多的机会去接触社会和实践。在教学过程中，应该把各种创新思想训练的方法融会到课堂教学、学科教学中。

3. 创新型教师的培养要有宽松的环境

一方面，学校要从时间、物力和财力方面予以大力支持；另一方面，学校要允许教师实施自己创造出来的教学设计或借鉴国内外经验改造后的教学方法，要鼓励教师进行以创新思维开发的教学。同时，对教师在教学中取得创新教育成果予以表彰和奖励，从而在学校形成一种创新教育的氛围。

（六）构建管理创新体系

1. 营造浓郁的学术氛围

经常举办各种学术讲座，广泛开展各种社团活动，切实贯彻"百花齐放，百家争鸣"的方针，是营造浓厚学术氛围的重要举措。在学术活动中，要倡导学术自由。之所以要强调学术自由，是因为：第一，真理具有相对性。第二，倡导学术自由，是促进科学进步、艺术发展和文化繁荣的必由之路。第三，倡导学术自由，是培养创新人才的需要。我国著名历史学家章开源认为："学术自由问题，是个很重要的问题。没有学术自由，只能培养庸才，培养不了具有高度创造力的人才。"我国著名教育家朱九思认为，大学生命的真谛就是"学术自由，追求真理"，没有学术自由，就没有一流的学术水平，就不可能有创新，也不可能培养出创新人才来。

2. 在教育管理上要有弹性

对教师进行考核是必要的，但考核指标要科学，要有灵活性。美国康奈尔大学的威尔逊教授在从教期间，由于连续几年没有发表过一篇引人关注的论文，险遭董事会解雇，幸有诺贝尔奖获得者贝德教授力排众议，才得以继续留用。贝德教授果然慧眼识英雄，第二年威尔逊就发表了后来获诺贝尔奖的论文。这件事告诉我们：科学研究的生命在于创新，而创新是一种艰苦的探索；探索的时间有长有短，探索的结果有成功也会有失败。如果按照指标考核，貌似公允，但有时会痛失英才。

3. 考试内容和方法要改革

现行的考试不利于培养学生的创新精神和创新能力。如何改革呢？第一，命题的指导思想应该是考能力而不是考书本知识。第二，考题应重理解、运用，而不重记忆，实践环节应重点考核动手操作能力。第三，考试方法要多种多样。第四，不能全按"标准答案"评分。最好不要提标准答案而只提参考答案。第五，对答题有创意的学生应加分，对全做对了但平平淡淡的学生不能给满分。

4. 加强大学生课外科学研究和发明创新活动

高校各科教学中的研讨活动往往局限在较狭窄的知识领域内，与当今大综合的研发实际有一定的距离。加强大学生的课外科学研究和发明创新活动有利于打破课程界限，培养学生综合利用多学科知识解决理论与实践问题的能力。这类创新活动应纳入教学计划，提供必要的财力和物力支持，由科研能力强的教师做指导。在高年级应将学生引入各种项目研究之中。在研讨式教学和综合性的科学研究、发明创新活动中，学生在教师的指导下，在同学的激发下边干边学，体验创新活动的成败得失，有助于他们掌握创新的技能。创新的技能是难以通过阅读和听课来掌握的，在教师指导下边练边学是掌握技能的有效途径。

第二节　大学生创业与创业教育

一、创业与创业素质

（一）创业

一般地说，创业分为广义与狭义两种：狭义的创业是指创办企业，广义的创业是指开创事业。我们把前一种创业者称为企业家，把后一种创业者称为开创事业的人。通常，我们在谈到高等教育的创业教育时，涵盖了广义和狭义创业两个方面。

（二）大学生创业的时代特征

在不同的时代，创业的内容和方式会有很大的不同。就当前的大学生创业活动来看，体现出如下一些特点。

1. 知识创业

大学生是一个特殊的人才群体，他们系统地学习了科学文化知识，掌握了某个领域的专业知识和基本技能，是具有了创新精神和实践能力的高级专门人才，这是大学生的最大优势。只有在创业过程中充分发挥这种优势，依靠知识创业，才会使创业实践具有更大的成功率和效益。具体地说，在知识创业中，大学生要实现三种形式的转化：一是把知识转化为创业素质。即通过学习和掌握知识，并在与社会实践的结合中升华，培养有益于创业的综合素质，包括个性、才能、创造力和心理品质，从而提高自主创业的能力。二是把知识转化为"资本形态"。即从大学生"知识富有"而"资金匮乏"的特点出发，通过技术投资的形式，把知识转化为"资本"，在与其他投资者的合作中创业。三是把知识转化为物质财富。即依靠自己的知识和科技成果创办企业，把它转化为现实的生产力，直接创造物质财富，获得经济效益。目前，一些地方设立了专门的大学生创业园区，作为大学生创业的"孵化器"，以独特的条件扶助大学生创业，能够有效地解决大学生经验不足、资金困难及对创业实践过程和操作程序不熟悉等问题，帮助他们逐步摸索、适应、成长和壮大，为大学生发挥自身优势、依靠知识创业提供了良好的条件。

2. 能力创业

创业包括"求职"和"创造新的工作岗位"。从"求职"的角度看，随着社会主义市场经济体制的完善，人才资源的配置已由市场来调节，就业问题主要通过竞争来解决，而这种竞争从根本上说，主要是人的素质的竞争，是知识水平和创造能力的竞争。大学生如果不能发挥自身的知识优势，就难以在竞争中获胜。从"创造新的工作岗位"的角度看，有的企业倒闭和职工下岗，很大程度上是因为缺乏科技创新能力所导致的，如果我们还去创办缺乏知识含量和科技含量的低档次企业，就会重蹈"失败"和"倒闭"的覆辙。只有重视和善于发挥大学生的知识优势，创办知识含量和科技含量高的企业，才会有创业的成功、企业的兴旺，从而解决自身的就业出路问题，解决社会劳动力的就业与再就业问题。

（三）大学生创业的基本形式

1. 创办企业

这是大学生创业的一种典型的形式，也是比较高级的形式。它符合知识经济时代的创业特征，但要求大学生有一定的资金实力，有组织管理能力和社会活动能力，所以目前还不是普遍的形式。创办企业应该不限制在单纯的工业企业，而应包括社会生产的各个领域。

2. 提供劳务

这是大学生创业的一种重要形式，有利于培养他们自立自强的创业精神，可以发挥自身的知识优势从事家教服务，可以发挥自己的专业优势从事技术服务，也可以从事以体力劳动为主的劳务。一些缺乏资金和管理经验等条件的大学生，通过为社会和他人提供劳务，既可以取得一定的经济收入，减轻家庭的负担，又可以在实践中培养艰苦创业的精神，增强劳动光荣的意识，磨炼吃苦耐劳的品质，学会自立自强。还可以培养适应社会的能力，增加创业的体验，熟悉社会环境，学会社会交往。对于缺少资金者，通过提供劳务进行创业，无疑是比创办企业更加普遍的一种大学生创业形式，也是开展创业教育的重要方式和途径。

3. 大学创业园

现在，许多大学或城市都创办了大学生创业园或留学归国人员创业园。通过制定一系列的优惠政策，鼓励和吸引大学生入园创业，在创业的实践中，提高大学生的创新与创业意识和能力。一般来说，大学创业园为学生创业提供了一些最基本的条件，大学生不必投入太多的资金就能开业，并且投资的回收期也较短。进入园区进行创业的项目大多与学生的专业有关，学生入园创业经营项目由自己选定，学生自筹资金、自主经营、自负盈亏，有些创业园也为创业者提供适当的贷款。

二、创业教育

（一）创业教育及其必要性

1. 创业教育

创业教育是通过教育教学活动来培养学生创业能力的教育，即在加强基本理论和基础教育的同时，以培养人的创业精神和创业能力为基本价值取向的教育。

　　创业教育的概念来源于西方，它主要有两个方面的含义：一是进行从事事业、企业、商业等规划、活动、过程的教育。二是进行事业心、进取心、探索精神、开拓精神、冒险精神等心理品质的教育。它整合了素质教育、创造教育、高等教育、创新教育等多种教育理念，是知识经济中集各种教育之合力的一种新的教育理念。

　　美国著名的创业教育研究机构考夫曼基金会对创业教育给出了一个操作性较强的定义："创业教育是指提供人们以概念和技能，辨别他人忽略的机会，具备洞察力、自我评估能力和知识技能，在他人犹豫不决时果断地行动的过程。它包括机会辨识、资源整合以应对风险、创建企业等诸方面的教育。同时，它也包括商业管理动作过程中的教育，例如商业计划、资本开发、市场营销和资金流动分析等。"

　　美国百森商学院的蒂蒙斯教授认为："学校的创业教育应该不同于社会上的以解决生存问题为目的的就业培训，更不是一种'企业速成班教育'，真正意义上的创业教育，应该着眼于未来的几代人设定的创业遗传代码，以造就最具革命性的创业一代作为其根本价值取向。"蒂蒙斯的这种前瞻性的教育理念，实质上是一种面向创业革命"开发人力资源的教育创新"。

　　1989年11月，联合国教科文组织在北京召开了"面向21世纪教育国际研讨会"，会上正式提出了"创业教育"这一概念。世界经济合作和发展组织的专家柯林博尔认为未来的人都应该掌握3本"教育护照"。第一本护照，学历教育，本专科、研究生毕业证书；第二本护照，高等教育，职业资格证书；第三本护照，创业教育，创业能力证书。

　　联合国教科文组织把创业教育分为了广义和狭义两种：创业教育，从广义上来说是培养具有开创精神的个人，它对于拿薪水的人同样重要，因为用人机构或个人除了要求受雇者在事业上有所成就外，正在越来越重视受雇者的首创、冒险精神，创业和独立工作能力以及技术、社交、管理技能（联合国教科文组织亚太地区办事处"提高青少年创业能力的教育联合革新项目"东京会议报告）。而狭义的创业教育是指进行创办企业所需要的创业意识、创业精神、创业知识、创业能力及其相应实践活动的教育。

　　创业教育包括两个方面，即"求职"和"创造新的就业岗位"。在这里，"求职"不是被动地等待"分配工作"，也不是在某一特定领域里寻找空缺，而是主动地、全方位地探寻可能的岗位以及通过施展才华使其成为自己的现实工作的过程。"创造新的就业岗位"是创业教育的精髓所在，创业教育的关键在于"创造新的就业岗位"。

　　我们提出的大学生创业教育，是指广义的创业和创业教育，即开创事业和与此相应的教育活动。根据这种理解，人人都有可能成为不同岗位、不同事业的开拓者，都有可能成为创业者。在我国高校开展的创业教育和创业活动中，对创业有不同的理解，有不同的定位。在教育部高教司主持召开的一次全国普通高校创业教育试点工作座谈会上，把创业教育的实践活动方式概括为三种类型：第一种类型，是以提高学生整体能力和素质为侧重点的创业教育。第二种类型，是以提高学生的创业知识、创业技能为侧重点的创业教育。第三种类型，是将素质教育作为基础并为学生提供创办企业的资金和技术咨询的创业教育。

2. 创业教育的必要性

（1）创业教育是现代高等教育的基本内容。创业教育虽已提出多年，但从来没有像今天这样被重视。第二届国际技术和职业教育大会的主要工作文件中指出：为了适应 21 世纪新的挑战和变革的需求，革新教育和培训过程必须包括创业能力，这种能力无论对工作、就业还是自我谋职都同等重要。

创业教育是开发和提高学生创业基本素质的教育，是一种培养学生事业心、进取心、开拓精神、冒险精神，从事某项事业、企业、商业规划活动的教育。联合国教科文组织曾经提出"学习的第三本护照"即创业能力"护照"，要求把创业能力护照提高到与学术性和职业性护照同等重要的地位。实施素质教育，核心是提高国民和广大劳动者素质，培养学生的创新精神和实践能力。对高等教育而言，创新精神要落实到创业上来，创业素质应该成为高等学校学生基本的必备的素质。

（2）创业教育是市场经济条件下高等教育面临的新课题。在我国的失业队伍里，引人注目的是一批手执大学毕业文凭的成员。对这种现象，从国际经济和社会发展来看有其必然性，但在我国则不大正常。我国毕竟是一个发展中国家，仍属于需要高素质人才的时代。那么，为什么需要人才而又人才闲置呢？一个重要原因，就是我们大学培养的人才不适应社会需求，学生缺乏直接创业能力，缺乏创业心理和精神。市场经济的新形势给高校提出了新的课题，高校要培养能够创业的新型人才。这同样是全球发展的趋势。1998 年世界高教大会提出："培养首创精神和学会创业，应当是高等教育主要的关注点，其目的是使毕业生更容易立业。高校毕业生不仅越来越少地被称为求职者，相反他们将成为创业者。"

（3）创业教育是知识经济和高等教育大众化的必然要求。新经济时代的到来，经济全球化及社会需求的日益多样化，为创业教育和创业活动的展开创造了广阔的空间。过去创业更多利用的是人才、物力、财力和已有的技术方法，而在新经济时代，知识、信息和技术是最重要的创业资源。高等学校（包括高校）作为知识中心和国家创新体系的重要支柱，在知识的创造、传播、转化和应用等方面具有独特的优势，在促进新经济的发展中具有举足轻重的作用。因而在新经济时代，高校所培养出来的人群较之其他人群更具有创业的环境和资源优势。新经济时代的来临促成了产业结构的调整升级，高新技术产业成了新经济的第一支柱产业，知识产业化成了当代经济发展的主要生长点。这就迫切需要一大批高素质的创业人才去振兴传统工业，发展新兴产业、高新技术产业，这也就为高校创业教育和大学科技创业活动的展开创造了十分有利的条件。经济全球化使企业的竞争日益激烈，一方面迫使企业扩大规模，推动企业的兼并、合作；另一方面又导致大企业供应大市场的活动不断向小企业供应小市场的活动转移，这推动着大学生创办小型高科技企业。未来的社会是一个需求日益多样化、多元化和个性化的社会。这种社会需求必然使生产的多品种、小批量、个性化成为其显著特征。这势必导致新的行业、新的企业、新的产品不断涌现。而在新经济时代，高科技的小企业具有相对优势，这种社会需求为大学生的创业提供了前所未有的机遇。

（4）创业教育是解决中国社会矛盾的有效途径之一。开展创业教育，培养学生的创业能力，不仅能解决毕业生就业难的问题，而且是繁荣经济、缓解就业压力最有效的途径之一。据劳动部门预测，劳动力供大于求的矛盾将长期存在。而据国内外经验和有关研究表明，中小企业特别是第三产业中的中小企业，其就业容量在多数领域平均比大企业高出数倍。因此，不论是在发展中国家还是在发达国家，人们都越来越重视中小企业在创造就业机会中的突出作用。今后我国非国有经济的中小企业将有一个更大的发展。这就给高等教育提出了新的任务，即要为非国有经济的中小企业培养人才。也就是通过高等教育培养出来的学生不仅是求职者，而且还应该成为就业岗位的创造者和成功的中小企业家。

（5）创业教育代表着高等教育改革和发展的方向。高等教育必须与社会经济的发展密切结合，必须注重培养人的创新意识与创业能力，既要注重知识与技能的传授，又要重视学生职业素质与职业能力的培养。同时，还要强调发展学生的个性和创业潜能。创业意识与创业能力的培养，将成为高等学校教育质量的标志之一。如果一个高校的毕业生在求职和创造工作岗位的过程中缺乏竞争力，那就很难说这个学校的办学方向是正确的，质量是上乘的。

（6）创业教育是促进个人未来发展的基本因素之一。从根本上讲，创业是人类社会发展的基础和动力。国民的创造性和创新能力，不仅是一个国家国力的重要标志，而且人的创业精神和创业素质已被联合国教科文组织称为进入社会的"护照"。随着我国市场经济体制的逐步完善和产业结构的调整，转岗、转业、失业将成为市场配置人力资源必然产生的现象，将成为一种经常性的、持久的、正常的状况。要在激烈的市场竞争中获得生存，就必须学会自谋生路的本能。所以，无论从我国社会经济发展看，还是从受教育者的就业问题和今后的发展趋势看，都必须在高等教育中重视推行创业教育，注重培养受教育者的创业精神、创业能力及引导受教育者的创业行动。

（二）创业教育的内容与方法

1. 在学科教育中渗透创业教育，培养学生的创业能力

高校学科教育有着悠久的历史，在长期的发展中，已经形成了完整的体系，门类众多，领域广泛，每门学科都蕴含着丰富的创业素质教育内容。比如，在社会科学课程中众多的创业者的风范和改革家的事迹，在自然科学课程中缜密的逻辑思维、科学设计和发明家的创造智慧与意志等，它们都会给创业者以启迪和感悟。因此，在学科教育中渗透创业教育，是培养学生创业素质、提高学生创业能力的有效途径。一方面，它有效地利用了课堂资源，使学校拓展了学科教学的应用领域；另一方面，它又节约了教育时间，优化了教学内容，常常可以取得事半功倍的效果。不可否认，学科教育有自己的特点和目标体系，在学科教学中渗透创业教育，关键在于"渗透"，不能本末倒置。因此，要最大限度地发挥学科教育在创业教育中的作用，应注意以下几个问题。

（1）要深入钻研学科教学内容，准确把握学科内在的创业知识，引导学生掌握创业知识。学科教育强调学科知识的传授，而这些学科知识往往是创业的基石。但传统的教育思想和教育目标使这些原本鲜活的内容僵化成了书本上的知识，教师为传授知识而传授知识，学生为学习知识而学习知识，学生掌握的知识应用率低。这就要求教师在传授学科知识时，首先应该明确这些知识是来自于实践，而又将回归于实践。教师应深入发掘隐藏在其中的日后对学生的成长、成才具有实质性价值的内容，加以激发，引导学生自觉掌握。

（2）在学科教学中，教师要积极地启发、指导学生敢于创业、尝试创业。教师的知识、业务素质对学生的创业能力有重要影响，教师知识渊博、业务能力强，对学生的创业能力产生正效应，教师在平时的工作中，应重视自身素质的提高。在教学中，要积极地鼓励学生，使学生善于分析，尝试创业，使课堂小制作、小创造、小发明成为经常性的活动。

（3）重视学生的参与精神，重视学生的主体意识。在现代化教学中，教师要让学生成为学习的主体，让他们自己发现问题、解决问题，培养和提高学生的自学能力和思维能力。要让学生参与教学活动，课堂教学可采取灵活多样的形式。只有让学生参与教学活动，才能真正使学生关心教学目标的实施和实现，关心教学过程的发展和完善，进而体验

到实现教学目标的乐趣，从而自觉参与到创业活动中去。

（4）营造宽松和谐的学习氛围，鼓励学生提出质疑。善于提出问题，是培养学生创业能力的前提。在学科教学中要精心组织、合理引导学生善于质疑。教育是一种培养人的活动，营造一种宽松、和谐、民主、生动活泼的学习知识和思考问题的氛围，就是为学生创业能力的发展创造出一个无拘无束的思维空间。

2. 开设活动课程，提高学生的创业能力

在创业教育中，如果说学科课程在保证学生获得系统的创业基础知识方面发挥着主导作用的话，那么，活动课程则在学生综合性运用所获取的知识方面发挥着主动性的作用。

（1）培养学生获取综合运用知识的能力，完善创业者的知识构成。研究表明，成功的创业实践与创业者文化水平较高正相关。一般说来，创业者的知识结构分为三种类型：专业技术知识、经营管理知识、综合性知识。在这三类知识中，经营管理知识、综合性知识在创业实践活动中具有决定性的作用，而这些知识的获得，单纯的学科课程并不能完全提供。由于活动课程以学生的自主性活动为主，围绕活动，能为学生提供同时运用多学科知识、多方面智力才能的机会。因此，学生的经营管理知识、综合性知识能够得到充分的锻炼和展示，并能及时获取和消化与活动相关的各种知识，从而改善和丰富学生的知识构成。

（2）多方面训练学生，增强和巩固学生的创业能力和技能。活动课程重视学生的实际动手和操作，重视学生的亲身体验和实践。它关注的是教学过程而非结果，强调的是在整个活动过程中训练技能，发展能力。在活动课程中，学生要独立地参与活动，脑、口、手并用。因此，它能使学生的专业能力、特长发展及各种能力综合运用的训练得到增强和巩固，有助于培养学生的社会实践能力和组织协调能力。

（3）培养学生良好的个性，发展学生的创造力。创造力是发挥主观能动性，开动脑筋，进行探索、求新、发展的能力。由于活动课的开设是根据学生自己的实际情况和具体要求而进行的，课程目标、模式、评价的设计都有利于学生发挥自己的聪明才智和积极、主动的求索精神。因此，一方面，活动课程有助于培养学生的兴趣和爱好，激发学生进行探索、研究的欲望；另一方面，活动课程又有助于学生情感与意志的培养和发展，形成学生科学探索的优良品格，养成独立思索、勤奋工作、团结奋进、不怕挫折的创业个性。此外，活动课程还有助于校正学生的性格，形成良好的习惯。所有这一切，都会焕发学生的创造能力，使他们体验到发现的乐趣。

活动课程不同于学科课程，它有自身的特点和规律。通过活动课程的开设来提高学生的创业能力，应注意以下几个问题：首先，活动课的课程体系和教学系统要科学化、正规化。如何构建活动课程的教学目的，这一切都有赖于活动课程体系和教学系统的科学化、正规化。一方面，活动课程的设立和教学内容的安排，既要围绕开发和提高学生的各种能力，特别是创业能力进行，又要顾及学生、师资的实际情况，有的放矢。另一方面，要不断优化活动课教学系统的各个组成要素，教学目标要具体，教材要实用，教学活动要灵活，教学评估要经常，积极探索出一套操作性强、指导意义大、高效的教学系统。

其次，活动课程教学模式要多样化、规范化。活动课程实践性、自主性、过程性、综合性、开放性、创造性的特点，决定了活动课程教学模式势必是多种多样、不拘一格的。但无论哪种模式，都应服务于发现问题、解决问题这一基本程式。美国科学家罗斯特和艾特两人在个别访问并研究了美国现代有关的9类科学家和14类艺术家后指出，科学和艺术的创造过程相类似，皆为解决问题的过程。因此，活动课程教学模式只有围绕这个过程来设计实施，才能创造性整合教学资料，使学生逐步掌握研究问题的方法和分析问题、解决问题的能力。

最后，活动课程教学环境要宽松、和谐。罗杰斯认为，至少有两个条件对于创造性活动是必要的，那就是"心理安全"和"心理自由"。因此，形成整个学校轻松活泼的活动课程教学环境，是营造有利于学生创业能力发展的适宜的"气候"和"土壤"。为此，在观念上，应正确认识活动课程的地位和作用，改变以往重知识传授、轻学习能力培养，重学生认知发展、轻学生情感培养的偏颇。在教学场地和师资建设上，应加大基础投入，添置必要的设备，加强师资队伍的培养，造就一支高水平的活动课程教学队伍。在具体措施上，要鼓励和培养冒险精神，帮助学生树立"敢为天下先"的思想，要使学生感到被人承认和理解，受人尊重和信任，努力使学生有表达、思维、感觉的自由，有塑造自我、实现自我价值的愿望，避免消极式和谴责式的评价，激励学生进行自我决定、自我控制、自我指导。

（4）开设创业教育课程，培养学生的创业意识和创业能力。高校学生创业单凭少数学生自我摸索、自我锻炼是不够的。由于缺乏科学的指导，学生的创业行为难免会带有一定的盲目性。因此，高等院校应该开设有关创业教育的课程，以系统培养学生的创业意识和基本的创业技能。

（5）采用通才教材，使学生具有广博丰厚的创业知识基础。我国现有的教育体制是从高中便开始文理分班，进入大学后专业划分更细，致使学生囿于专业的范围而不利于其他方面知识的获得，从而造成培养的人才技能单一，知识面过窄。而学生要进行创业，尤其是在高科技领域内的创业就必须具有较为广博丰厚的知识基础，这样才能够融会贯通，有所发现，有所创新。有鉴于此，高等院校实施通才教育，加强教育的综合性、整体性，促进文理结合、理工结合，课程的内容不再囿于学科界限，从而实现不同类型的知识间整合，使普通课程、专门课程、科学课程、人文课程统一协调起来。

（6）开展创业计划大赛，锻炼学生的创业能力。创业计划又名商业计划，是高科技与风险投资浪潮兴起的产物，是一无所有的创业者就某一项具有市场前景的新产品或服务，向风险投资家游说，以取得风险投资而撰写的商业可行性报告。创业计划大赛，让学生在实际的操作中锻炼自己的自主创业能力。此外，还可以在竞赛过程中，锻炼学生的组织能力、人际交往能力及团队合作能力。

（三）创新教育与创业教育的关系

1. 目标同向

在知识经济这种全新的社会环境中，提高个体、社会乃至整个国家和民族的基本素质，已成为衡量教育现代化水平的重要标志。当前，我国政府已将实施素质教育确定为教育工作的战略重点，从而使培养出的人能够应付知识经济时代瞬息万变的复杂局面。这就决定了要把培养创新精神和实践能力作为实施素质教育的重点。总之，培养创新精神和实践能力是实施素质教育的应有之义，是素质教育的重点内容。

2. 内容同质

创新与创业是当代青年的历史使命。创新大致包括以下两个层面：一是具有社会价值的创新，它为人类文明带来质的变革。二是具有个人价值的创新，它是个体发现和创造出相对于个体而言的新知识、新事物、新方法。与创新一样，创业也包括社会价值和个人价值两个层面。社会价值的创业满足了发展生产力的需要，通过为社会提供新的产品或服务而为社会增添财富和工作岗位。个人价值的创业不但使个人求职谋生，得到精神和物质财富的回报，也为其创新、创造施展才华提供了广阔天地。创业教育包括创业意识、创业精神、创业品质、创业能力培养等方面。创业意识是指在创业实践活动中对人起动力作用的个性心理倾向，包括需要、动力、兴趣、思想、信念和世界观等心理成分。创业意识集中表现了创业素质中的社会性质，支配着创业者对创业活动的态度和行为，是创业素质的重要组成部分。

创业品质即创业心理品质，它是对创业者在创业实践过程中的心理和行为起调节作用的个性心理特征，反映了创业者的意志和情感。

从创新教育和创业教育四个基本内涵的比较中，我们不难发现，创新教育与创业教育内容结构相互融合、相辅相成。创新是创业的基础和孵化器，创业是创新的载体和表现形式，两者相互促进又相互制约，是辩证的统一体。然而，创新教育和创业教育毕竟是两个不同的概念，创新教育与创业教育内容的相似，并不说明两者可以随意偏废或替代，因为仅仅具备创新精神是不够的，它只是为创业成功提供了可能性和必要的准备。如果脱离创业实践，缺乏一定的创业能力，创新精神也就成为无源之水、无本之木。创新精神所具有的意义，只有作用于创业实践活动才能有所体现，才有可能最终产生创业的成功。

3. 功能同效

教育功能是时代特征的集中反映，是由时代对人才素质的基本要求所决定的。时代要求的人才素质、教育功能、教育形式，构成了教育与社会双向驱动的链条。其中人才素质是这根链条的联结点。创新教育是为了适应已经到来的知识经济时代而提出来的，创新教育不仅是方法的改革或教育内容的增减，而且是教育功能的重新定位，带有全局性、结构性的教育革新和教育发展的价值追求。创业教育的着眼点，是为了使教育更好地适应社会、经济、文化发展的现实状况，彻底消除教育脱离时代、社会、生活的弊端。创业教育落脚点是社会实践性，创业教育的基本内容决定了创业教育除了要使受教育者形成良好的心理素质和个性特征以外，还要使之具有较强的实际工作能力和动手操作能力，在此基础上形成较强的社会适应性和多方面的应变能力，使之成为未来社会的强者和创造者。

创新教育和创业教育都是为了满足人的个性发展的需求，实现人的解放。从教育本质上讲，创新教育和创业教育通过高等教育可以达到目的和手段的辩证统一。

4. 途径同归

创新教育从实施途径上来说，是学校、家庭、社会三方面相结合的系统工程。学校、社会、家庭三方面在创新教育实施过程中必须目标一致、功能互补、形成合力，主战场在学校，主渠道在课堂。教育教学活动的实施载体是课程，学科课程、活动课程、环境课程和实习实践课程，都是实施创新教育的重要途径。

创业教育的实施途径：改革办学模式、优化专业结构、创新课程体系和教材、改进教育教学过程、加快信息技术应用、推进评价模式改革、加强师资队伍建设、强化行业企业指导作用等是长期性、持续性、基础性的工作。为全面推动创新创业教育工作的具体实施，高职院校要构建、创新、丰富、优化创新创业教育的各种实践载体。

（四）采取有效措施，推进实施创业教育

1. 树立创业教育观

（1）树立以学生为本的教育教学观。传统教育教学观强调书本知识的传授，忽视知识的应用与创新，缺乏创新精神和创业能力。创业教育实施的是"以学生为本"的现代教育理念，它以促进学生素质的提高为目的，把培养人的全面发展作为具体目标，以教育学生做人为核心，使受教育者具有现代社会所需要的素质，在时代激流中学会生存并发挥推动社会进步的作用，从而实现教育的价值。以学生为本的思想，强调建立和谐的师生关系，营造民主的教学氛围，创造学生积极参与、主动发现的教学情景。以学生为本的教育教学观应贯彻于教学的各个环节之中，统率教学的全过程。具体来讲：在教学目标上，要突出学生创新精神的培养。在教学过程中，教师要科学地、艺术地设计教学的各个环节，让学生充满好奇和有兴致地投入到教学中来。在教学的组织形式上，打破单向传输的教学组织形式，代之以教师与学生互动的双向教学组织形式。

（2）加强培养学生全面发展的素质教育观念。高等学校人才培养规格应是加强基础、灵活专业方向、拓宽专业、注重素质、强化实践、注重创业能力培养。一是以全面素质提高为主，使学生在德、智、体、美、劳各方面得到全面发展；二是以人为本，充分挖掘学生的个性潜能；三是以学生的创造性才能作为高等教育人才培养的主要内容，鼓励学生开拓进取，保护学生的创造意识与创新精神。

首先，要转变以专业为中心的教育思想，树立整体化和综合化教育观念。当今科学的发展既高度分化又高度综合，并呈现以高度综合及知识的整体化为主的发展态势。一系列边缘学科、交叉学科、综合学科的出现，表明科学领域越来越成为一个有机统一的整体。专业学科的过度细化，割裂了知识的完整性，不利于知识创新和创业人才的培养。因此，要强调专业结构的有机整体性、专业设置的宽口径、课程设置的综合化。培养理论基础扎实、知识面宽、综合素质高、探索研究能力强、发展后劲足的创新型、研究型人才，还要大力培养一专多能的复合型人才。彻底改变在高校人才培养中重智育轻德育、重理论轻实践、重知识轻能力、重共性轻个性、重理工轻人文、重专业轻基础、重功名轻素质等现象。

其次，要转变以开发智力为中心的教育思想，树立整体素质培养的教育观念。创业离不开智力活动，但创业能力绝不仅仅取决于智力的因素，它还包括自信心、上进心、意志品质、探求问题的能力和对环境的应变能力等非智力因素。要把智力教育与非智力教育有机结合，并使二者相互促进，和谐统一，协调发展。

（3）重视培养创业人才的环境建设。实施创业教育，提高教学质量和学术水平，仅重视教学的硬件设施建设是不够的，还必须同时注意抓软件建设，努力营造一个良好的学术和教学环境。校园良好的学术和教学环境是学校重要的潜在的教育因素，是无声的教育资源，对于形成学生良好的创业心理有着潜移默化的影响作用。可以通过文化活动、制度建设、社团创办、校风校训等丰富有特色的物质载体的建设，将创业上升到为社会创造财富、为社会增加就业岗位、为社会做贡献的高度，形成崇尚创业、鼓励创业的氛围。大力倡导积极参与、平等讨论、自由交流、教学互动、教学相长的教学方法和研究方法，为学生发展学术、激发创新思维、培养创业能力提供坚实的基础。

（4）培养学生树立新的求职观念。就业教育与创业教育是高等学校在寻求满足不同社会发展需要的途径与方法过程中产生的两种不同的教育观点。从就业教育走向创业教育是高教改革的必然趋势。因此，高等学校在理论教育和实际工作中要逐渐适应这种趋势，培养学生树立新的求职观念，认清求职—就业—创业的关系，才会使学生适应市场经济条件下的人才竞争，并能及时应对这种变化。

创业教育作为高等教育发展史上一种全新的理念，为传统意义上的就业赋予了新的内涵。毋庸讳言，"求职"是为了就业，但新的求职观却不同于传统意义上的"填空式"就业，而是一种创造性的就业。也就是说，"求职"不是被动地等待"分配工作"，也不是在某一特定领域里寻找空缺，而是主动地、全方位地探寻可能的岗位以及通过施展才华使其成为自己的现实工作的过程。

总之，创业教育不是单纯地进行创业知识的传授和创业技能的训练，而是一个素质教育的过程。将创业教育的思想渗透到高校的各方面教育中，贯穿到教书育人、管理育人、服务育人的全过程中去，才能实现"高等教育培养出来的毕业生不仅是求职者，而且还是成功的企业家和就业创造者"的目标。

2. 引导大学生树立创业意识

（1）教育和引导学生增强创新意识和创业精神。面对大学生自主创业形势的涌现，不少大学生存在这样或那样的模糊认识。有的认为自主创业是无奈之举，只属于进城民工或下岗职工，不属于大学生；有的在就业时追求职业的舒适稳定，不愿承受创业的艰辛与风险；有的对创业成功者羡慕不已，对自己创业却缺乏信心和勇气。我们认为，国家鼓励大学生自主创业，关键在于鼓励一种创新意识和创业精神。在现实情况下，高校中真正选择自主创业道路的大学生还只是少数，之所以为数不多，是因为大多数学生还缺乏这种创新意识和创业精神。要通过自主创业成功的先进典型，引导大学生增强自主创业的信心和勇气，鼓励和扶植更多具备自主创业条件的大学生脱颖而出。

（2）教育和引导大学生全面理解创业的深刻含义。要使学生认识到，培养高素质的创新人才是我国高等教育的一种全新的教育模式和培养体系。要努力为社会做出贡献，成为一名优秀的大学生。自主创业既不是头脑一热的"下海"，也不是普通的专业性比赛或科研设计。它不仅要求学生能结合专业特长，根据市场前景和社会需求搞出自己的创新成果，而且要直接面向市场，面向社会，把研究成果转化为产品，创造出经济效益，使大学生由知识的拥有者变为直接为社会创造价值、做出贡献的创业者。清华大学科技创业者协会的学生说得好："创业是一种精神，创业是一种意识，创业是一种素质。创业不是个人行为，创业是合作和表率。创业不是攫取私利，创业是奉献与无私，创业者是坚定的爱国者、富有激情的实践者、艰苦创业的实干家。"这是对自主创业的最深刻理解。不能全面理解其深刻内涵，就不能获得自主创业的成功。

（3）教育和引导大学生主动培养创造能力和创新精神。科技创业、自主创业对大学生来说并非高不可攀。作为掌握一定科学知识和能力的大学生，一般都具有创新、创造的潜能，关键在于能不能主动开发自己的潜力。大学生大都具有敏锐的观察力、严谨的思维能力和丰富的想象力，充分运用和发挥这些能力，有助于创新精神和创造能力的开发。特别是在大学学习的过程中，不仅仅要从书本上学，从教师的讲授中学，还要从社会中学习多方面的知识。学习中要增强主动性，敢于质疑，善于发现问题，并在学习的过程中把知识变成自己的财富，从培养自己的创造性思维入手，对于捕捉到的好点子抓住不放，在反复实践中充实、拓展。要善于与别人合作，相互促进，不断开发和培养创造精神和创业能力。

3. 改革现行教学与管理体制，推进创业教育

（1）加速推进学分制，因材施教，发展学生个性。高校应加大教学改革力度，削减必修课比例，加大选修课比例，课程要及时反映科技新成果、新技术及动态方向。增加学生根据自己爱好和特点选课的自由度，努力拓宽知识面，用人类社会创造的优秀文明成果来丰富学生，激发学生的灵感和激情，培养学生的创新能力和向科学研究进军的能力。

实行主辅修制是充分发挥学生潜能，培养复合型人才的有效措施。学生在主修所学专业的同时，辅修另一专业的主干课程和主要实践环节，成绩合格者取得两个专业的毕业文凭。辅修专业可根据社会需要及本校专业、师资等情况予以开设，可以是自然科学与管理的结合，也可以是社会科学中的学科结合，如工、农业各科与管理、财经和商贸、历史、法律与文学等。

（2）改革考试及学籍管理制度，为素质教育和提高学生创业能力服务。要改革考试内容和办法，加强对实践技能的考核，提高学生的动手操作能力。为鼓励学生创业，高校要

实行弹性的学习制度，允许经济困难的大学生先创业再上学，或学习后有了知识和创业欲望即去创业，适当时候再回校完成学业。

（3）高校要加强与企业的交流和优势互补，鼓励、引导在校生创新。充分利用企业的生产、经济条件，让学生及早加入生产和科研的实践，在交流中让企业选择毕业生，让学生选择企业。同时学校要发展科技园，自己转化科研成果，与毕业生签订劳动合同，成为人才培养的"孵化器"。

（4）引导大学生积极参加创业实践活动。要使课堂教学与课外活动结合起来，引导学生积极参加科研和各种专业竞赛活动，这是锻炼和提高大学生创新能力、科研能力、协调合作能力的重要途径。多年来，随着校园中学生科技竞赛活动的开展和提高，涌现出许许多多大学生自己的科技作品，有的已申请了国家专利并获得了经济效益。这一点已被涌动在大学校园中的"挑战杯"竞赛所证实。大学生通过自由组合，或是协助导师共同进行的课题研究以及参加各种专业竞赛活动，对于增强创新意识，锻炼和提高观察力、思维力、想象力和动手能力都是十分有益的。只有在大学生当中造成浓厚的科技创新氛围，才能使更多的创新人才脱颖而出，才能使创业教育富有生机和活力。

（5）要使大学生创业教育规范化、系统化。要把大学生创业教育列入大学生就业指导课之中，并作为一个重要内容予以重视。有条件的应单独设置"创业教育选修课"，列入教学计划，投入教育经费并实施考核。要将课程、讲座、活动结合起来，形成一个立体的教育网络。教育内容应包括创业风险、创业心理、创业技巧、创业能力、创业理论、创业指导、创业法律常识等内容。还可以聘请有丰富创业经验的企业家和专家学者与大学生进行交流。同时，应积极利用网络资源，将大学生创业成功的典型宣传给同学们，以使他们更直观地了解同龄人的创业经历。

（6）兴建科技园区，加快学生科技成果的转化。学生创业伊始，各方面的条件如场地、硬件设施等都面临着困难，要加快学生科技产品的开发，高校应该通过兴建科技园区，为学生提供场地等方面的支持。

4. 建立大学生自主创业的社会保障机制

（1）建立大学生创业现实可行的评估体系。我们鼓励高校学生进行自主创业，但并不是说对所有想创业的学生不管他们的想法是否可行，他们的能力、条件是否具备，那样只会导致更多的学生在市场经济无情的竞争中一次次败下阵来。因此，为了保证学生自主创业能在更大程度上获得成功，应由校方、风险投资家和政府有关部门共同介入，建立具有现实可行性的评估体系，对创业者的创业计划和能力、条件等方面进行全方位衡量，为其以后顺利创业把好第一关。

（2）营造大学生自主创业的政策环境。建立学生公司注册制度。国家应改进企业或公司的注册制度，增加有关学生公司注册的条款，便于学生公司注册，为其创业提供良好的政策环境，清除其创业路上的障碍。建立高校学生创业风险投资基金并鼓励风险投资家进行投资。学生创业面临的最大难题就是资金问题，少数大学生有一定的积累基础，但大部分学生在创业时几乎是"身无分文"，他们迫切渴望得到社会和企业的资助。在北京，获得了第一期风险投资的大多数学生公司第二期的风险投资到位率几乎为零。鉴于这种情况，社会可通过多种渠道筹措资金，建立高校学生创业风险投资基金，在学生创业的初始阶段给予学生必要的资金支持。同时，政府应鼓励公司和企业家进行风险投资，与学生共谋发展。

（3）政府对大学生创业要给予优惠扶持政策。建议国家对大学生毕业后有志于创业者降低注册资金，提供无息或低息贷款，实行免税或税收优惠等。这一点很重要。有些学生不是不愿创业，不是不想自立门户，也不是没有专业知识和创业能力，只因没有资金，只能打工依附社会和单位。只要给他们一定优惠扶持，有些学生还是能自立干一番事业的。

第三节　实施创新创业教育的必要性

我们这样的发展中大国，要适应知识经济时代社会发展的需要、真正落实科教兴国战略，基本途径就是实施创新教育。只有实施创新教育，才会对培养人才的创新意识和创新能力给予高度重视，才会培养出具有创新精神的人才。实施创新教育是迈向未来的必然选择。

一、知识经济与创新创业教育

当今世界科学技术发展异常迅猛，高新技术日新月异，科学技术进步对经济社会发展的影响和作用越来越大。伴随着以微电子技术、计算机应用技术、多媒体技术、卫星和光缆为载体的、通信技术为核心的信息技术的发展以及全球经济一体化的推进，知识经济已在世界范围内兴起。知识创新、人才创新、教育创新，是时代向我们提出的要求，也是时代的挑战。在知识经济时代，我国综合国力的强弱将取决于我国科学技术新知识总量在国际上所占的份额，取决于我国创造新知识的优秀人才总量在国际上所占的份额。因此，面对知识经济的浪潮，培养创新人才已成为紧迫问题。

（一）知识经济与高等教育的关系

原美国总统克林顿访华时在北京大学所做的演讲中，明确指出了知识经济时代对高等教育的紧迫要求，阐述了大学在知识经济时代的历史使命，即大学应该成为社会发展的动力站和提升人的精神的机构。所以，高等教育作为整个教育体系的最高层次，在知识经济时代处于核心的地位。

1. 知识经济提高了高等教育在社会中的作用

以智力、知识资源为基础的知识经济时代，赋予了高校更加重要的社会职责。高等学校是培养和造就成千上万富有创新意识和能力的高级人才的摇篮；是继承、发展人类文明，从事基础研究和高科技前沿探索的重要基地；是国家、民族和区域经济、社会可持续发展最重要的知识和人才辐射源。世界各国为了在知识经济时代综合国力的较量中占有更多、更先进的知识资源份额，都十分重视高等教育的改革发展与重要作用。要发展知识经济，离不开高素质人才与高科技，而这些必须由高校培养来完成。

2. 高等教育的水平制约知识经济的发展

当今社会，已经把经济建设转移到依靠科技进步和提高劳动者素质的轨道上来。在发达国家，科技进步对经济增长的贡献率已经超过了其他生产要素贡献率的总和。在一个以知识为基础的社会里，财富积累、经济增长、社会进步和个人发展，都离不开知识。真正的生产资源不再是传统的以资金、设备和原材料为主，而是取之不竭、可以再生产的智力资源——知识。人才是知识的载体，而人才要依靠高校培养，知识要由高校去传播与创新。因此，可以说，高等教育的水平制约着知识经济的发展状况。

3. 高等教育与知识经济相互依存

一方面，如果没有高等教育提供源源不断的人才与知识资源，知识经济就无从谈起；另一方面，知识经济时代的到来，对高等教育提出了更新、更高的要求，高等教育面临着千载难逢的发展机遇与挑战。高等教育的规模与质量，在很大程度上影响和制约着知识经济的发展速度与水平。反过来，知识经济又为高等教育的发展提供更多的办学经费和前沿的科研课题，确保高等教育具备实力并在更高层次上为之服务。概言之，两者在相互依存与促进的良性循环过程中，共同推动着人类社会的发展进步。大学在知识经济发展中，要把创新工作作为重中之重的任务切实抓好。特别要强调的是，要在创新人才培养上做好文章，大力加强教学、科研队伍建设。目前我国的大学，特别要办成一流水平的大学，世界一流水平的教授、重点学科带头人还相当欠缺。因此，一要借助政府和社会力量，专设特聘教授、研究员津贴岗位，从国内外公开招聘一批特聘教授、特聘研究员，以推动创新人才培养，带动整个教学、科研队伍素质的普遍提高。二要建立创新人才奖。要在优秀年轻教师中，经过公开、公正评选，择优选定创新人才，从中造就出一批名教授、名专家。三要建立一批创新人才科研基地。利用原有科研基地（如国家重点实验室）或新建一批科研基地，创造较好条件，装备现代化先进仪器设备，提供必要的支撑服务，让一批创新人才能专心致志开展科研工作。四要建立国际合作与交流基金。争取国家财政投入和募集社会团体的资金，建立基金，重点支持创新人才参加国际合作研究、学术交流，联合培养研究生。五要加强素质教育、博识教育。为培养高素质创新人才，大学除了创造良好环境氛围外，要对现行不合时代发展需要的课程体系、教材内容、教学方法、教学手段进行革新，培养学生尤其是培养博士生的创造思维能力和解决问题能力。我们的大学应竭尽全力，为我国科技、经济社会发展，为我国知识经济的发展培养出更多在国内外有知名度的科学家和学科带头人，培养出更多在重大科学技术上有攻坚能力的优秀年轻学术骨干，培养出更多优秀的企业家，培养出更多精通管理的高级管理专家。

（二）适应知识经济需要实施创新教育

1. 改变人才培养模式

在知识经济社会里，知识产业成为社会的主导产业，知识劳动者成为劳动的主体，教育因而上升到经济发展和社会进步的首要位置，成为社会生活的中心。教育是知识经济竞争的基点，它对知识的再生产、知识的传播和知识的应用都具有重大的作用。适应知识经济的人才要求，把学校教育的重点转移到创新教育上来，转移到培养创新人才上来。这不仅要求加大教育发展的力度，更需要在人才培养模式上进行重大改革。第一，知识经济是全球性经济，教育要有全球视野，培养具有全球眼光和国际竞争能力的人才，特别是能跟踪世界发展趋势、驾驭全局的战略性人才。第二，知识经济是创新型经济，教育自身要有创新观念和运作方式，培养具有知识创新和技术创新攻坚能力的创造性人才，尤其是培养在关键科学技术问题上有突破能力、能带领学科和技术领域进入世界先进水平的优秀人才。第三，知识经济是科学、技术和经济紧密结合、一体化发展的经济，教育要实行产学研结合，并通过高科技产业化等途径，造就具有经营能力的科学家和拥有科学技术知识的企业家。第四，知识经济是产业不断更新和创新的经济，教育要重视培养学生的创业精神和创业能力，让学生自主创业、发展产业，还需要一批有能力发展大企业集团甚至跨国公司的创业型人才。有了一大批在各个领域能站在世界前列的优秀人才，才能在知识经济的国际竞争中占主导地位。

2. 大力发展面向全民的创新教育

随着社会的发展，知识和技术在经济发展中的作用日益突出，这就要求上岗的人员有更高的素质，受过更好的教育和专业培训。现在的就业状况是低技能的人员过剩，高技能的人员短缺。因此，建立面向全民的创新教育系统是一项紧迫的任务。教育工作为此应该做到：一是教育的学科结构和层次结构应当不断调整以适应科技、经济与社会发展的需求变化，要符合知识的生产、传播、消费与应用的发展需要。二是在更新知识体系、加强基础的同时，教育要不断更新，不仅是教育内容要更新，教育方法要创新，教育目的也要改变，即要建立起一种有利于创新的教育制度。要着力拓宽知识的领域，以适应现代科技综合交错的知识网络相互作用的要求。三是适应现代社会协同合作的特点和科技与经济社会紧密结合的趋势，教育应注意自然科学、人文、经管和其他社会科学交叉和渗透，培养复合型人才。四是面对国际的竞争和合作，教育要面向世界，要充分消化吸收世界各国科技、教育与文化的优秀成果，发展开放式的教育。五是教育应从知识灌输彻底转变为启发教育者对知识的主动求索，着力强化创新意识和创造能力的培养，对知识创造性应用和创造新知识的主动追求；着重培养受教育者的求知欲和创造性，使受教育者具有获取、运用、创造知识的意识和能力。六是促使教育面向社会，面向全民，使教育资源更加多元化、配置不断优化，并不断从适应社会发展需求和提高教育质量和效益方面，提高教育资源的社会经济效益。七是在科技迅猛发展、知识不断更新、市场经济不断发展的环境下，要强化继续教育、终身教育、在岗教育等，大力发展在职教育、继续教育、闲暇教育。八是教育手段和教育环境要根据信息社会的要求不断革新，使教育成为知识网络的重要内容，使教育更广泛地进入社区、办公室和家庭。九是要强调学习的重要性。教育系统不仅是教育过程，更重要的在于学习与创造。学习不仅与教育联系在一起，也与生活、工作紧密联系在一起。因此，未来教育要把如何学习作为一项重要内容。

（三）适应知识经济需要实施创业教育

1990 年联合国研究机构提出了"知识经济"概念。1996 年国际经合组织把知识经济定义为：建立在知识和信息的生产、分配和使用基础上的经济。尽管学术界对此见解不尽一致，但事实说明，美国的比尔·盖茨以计算机软件起家，迅速成为美国首富。1995 年全球软件业的年产值高达 2000 亿美元。美国 GDP 的近 2/3 与电子和通信技术有关，已经超过了制造业的产值。从政界到企业界日渐认识到：人类社会的经济活动和社会活动已经在越来越高的程度上与知识活动密不可分。从知识经济的角度看，高校学生也应在创业中占有一席之地。这从高校创业教育萌动伊始就人才涌出中可窥一斑。开发在校大学生的创业智慧，引导、鼓励他们在"创中学，学中创"，将加快创新人才的培养进程。知识经济时代，我们全社会都要支持、鼓励广大学生创业，创造新产业，创造新的工作岗位。高等学校必须实施创业教育，培养学生的创业意识和创业能力。只有这样，中国才能在全球化的知识经济时代迎头赶上世界发展的先进水平。

二、科教兴国、创新工程与创新创业教育

（一）科教兴国的内涵

1995 年 5 月 6 日，中共中央、国务院颁布了《关于加速科学技术进步的决定》，在这一对我国经济社会发展具有重要历史作用的文献里，第一次明确提出了科教兴国的伟大战略。这个决定指出："科教兴国是指全面落实科学技术是第一生产力的思想，坚持教育为本，把科技和教育摆在经济、社会发展的重要位置，增强国家的科技实力及向现实生产力转化的能力，提高全民族的科技文化素质，把经济建设转移到依靠科技进步和提高劳动者素质的轨道上来，加速实现国家的繁荣强盛。"这一战略的提出，把科技、教育与经济社会发展的内在规律，升华为加速我国社会主义现代化进程的根本战略方针。这个方针大大提高了各级干部对科技和教育重要性的认识，增强了对科学技术是第一生产力的理解：即"科教"用以"兴国"，从而真正发挥"第一生产力"的巨大作用，也为"兴国"找到了强大和持久的动力。在将教育、科技作为经济社会发展的重要动力的同时，也要注重兴科、兴教，只有这样才能在国际竞争中争取主动权，占领高科技的制高点，也才能构建教育与人才优势，确保教育对经济、科技发展的巨大能动作用。实施科教兴国战略，既要充分发挥科技和教育在"兴国"中的作用，又要努力培植科技和教育这个"兴国"的基础。在当前，更应着重加强和扶持科技和教育，为国家的近期和长期稳定发展打好基础。科技和教育具有双重功能，既能为当前经济社会的发展提供各种手段，又能为持续的长远的发展提供必要的基础。今天科技和教育能够为经济和社会的发展提供知识、技术、人才，是在此之前对科技和教育投入的回报。现在，在科教兴国战略的贯彻实施中，各地方各部门都已认识到教育具有极为重要的基础作用。在加强教育基础作用的同时，也要加强科技的基础作用，提高科技成果的转化率。知识积累和技术积累都体现在人才身上。因此，培养

人才是实施科教兴国战略的第一重要的工作。只有兴教，才能实现国民经济的持续发展和社会的全面进步。

（二）实施科教兴国的创新体系

科技的发展、经济的振兴以及整个社会的进步，都取决于劳动者素质的提高和大量专门人才的培养。教育是实施科教兴国战略的基础。邓小平曾提醒全党："我们的国家，国力的强弱，经济发展后劲的大小，越来越取决于劳动者的素质，取决于知识分子的数量和质量。一个十亿人口的大国，教育搞上去了，人才资源的巨大优势是任何国家比不了的。"这些重要论述，是实施科教兴国战略的动员令，为我国教育改革和发展指明了方向。

三、高等教育大众化与创新创业教育

（一）关于高等教育大众化

西方学者于 20 世纪 70 年代初提出：高等教育可按其总体规模的发展依次分为精英高等教育、大众高等教育和普及高等教育三个阶段。美国学者马丁·特罗在《从大众高等教育向普及高等教育转化的思考》《高等教育的扩张与转变》《从精英向大众高等教育转变中的问题》等一系列有关高等教育大众化的研究论文中指出：当高等教育入学人数低于适龄人口的 15%时，属于精英高等教育阶段。精英教育阶段的大学培养治国的英才，大学成为明显的为统治阶级服务的机构。教育的主要内容是博雅教育，注重人文精神的熏陶，致力于统治才能的培养。高等教育是面向少数人的，规模较小，这是它区别于大众化高等教育的最显著的标志。按照马丁·特罗的提法，当高等教育入学人数达到适龄人口的 15%~50%时，属于大众化高等教育阶段。大众化高等教育以普通教育的普及或极为发达和比较开放的高等教育招生制度为前提，以高等教育的层次、科类和形式的多样化为特征。马丁·特罗认为，进入此阶段后，高等教育不仅在数量上比精英高等教育阶段有所发展，而且在高等教育的观念、教学内容与形式、学术标准、管理与决策，以及高等学校的功能、模式、招生和聘请教师的政策与办法等方面，均发生了质的变化。这一阶段的大学主要是培养国家所需的各行各业的建设者，当然，其中也包括了一部分未来的国家管理者。在大众化高等教育阶段，国家、政府虽然提供一部分的高等教育经费，但高教的主要支撑者已是老百姓，即高等教育经费的主要来源为社会和个人对教育的投资。教育的机会增多，受教育者分布广泛，更多的人可以上大学。这一时期高等教育规模的扩展，一方面表现为学校数量增多，学生入学人数比率达到相当程度，且学生人数的增长幅度远远高出学校数的增长；另一方面表现为高等教育种类、层次、形式的多样化，如美国的社区学院、英国的多科技术学院等。同时，与各种职业相对应的技术逐渐成为专门的学科，并作为知识进行传授。高校向学生提供实用的、能为产业界利用的短期课程。

（二）精英教育向大众化教育转变是高等教育发展的必然趋势

社会经济的发展对教育的需求主要表现在两个方面：一是经济发展对人才需求的数量增加；二是产业结构的调整和变化对所需人才的层次和质量要求发生变化。社会的变迁迫使大学原有的研究高深学问、为统治者服务的根本使命不得不加以改变。在意识到大学不仅是培养少数精英的机构，还承担着分配职业阶梯和社会角色的作用之后，大学为越来越多的人所关注。大学已不再是研究不同程度高深学问的机构，而是成为满足逐渐扩大的国民需求不可缺少的设施。"二战"以后，科学技术进步和人力资源开发已越来越成为世界各国振兴经济不可替代的重要手段，而发展科技、开发人力是高等教育最重要的职能。于是，把发展高等教育视为国家繁荣的重要保证和国力竞争的重要谋略就成了世界性的共识，高等教育在世界范围内开始从精英教育走向大众化乃至普及化。任何一种教育思潮、教育机构和教育形式的出现都反映着社会的进步，深刻预示着社会的进步与发展的方向。教育正成为衡量社会进步的一项重要标志。在我国高等教育改革的进程中，人们日益增长的对教育活动的需求与有限的教育资源的矛盾变得日益尖锐，这种矛盾直接指向高等教育。由于我国经济发展的不平衡性，导致我国各个地区高等教育发展水平也存在着较大的差距。一些省市高等教育毛入学率已经达到大众化水平，提前进入高等教育大众化阶段，其他地区毛入学率很低，仍然处于精英教育阶段。实现高等教育大众化意味着我国高等教育的发展将实现质的飞跃。随着全球经济一体化、我国加入世贸组织，我国的政治、经济、文化等方面发生了深刻变革，我国高等教育也以前所未有的速度发展，招生规模不断扩大。

（三）创新创业教育是高等教育大众化阶段的本质特征

高等教育的大众化使高等教育与社会经济发展的结合更加紧密，深化教育体制改革，促进教育与经济结合，探索教育的经济学规律是发展大众化高等教育的关键。中国教育界有甘于清贫和学以致用的优良传统。实际上，高等学校面向经济建设，为知识创新、技术创新和高新技术产业化做出了巨大贡献。我们应当继续提倡甘于清贫、追求知识的社会责任感，同时提倡围绕具体经济社会目标，用丰富知识营养浇灌灿烂经济花朵的历史使命感。读书不是为了脱离大众，而是为了和群众一起摆脱贫困，这是教育观念的根本转变。研究开发和教育培训得到经济回报的周期缩短，知识本身的经济学规律将加快科学和教育的发展。市场经济体制下教育既是第三产业中提供教育服务的"交易行为"，又是人力资本的投资行为，有丰厚的个人回报和社会回报。就市场行为而言，又有强烈的外部性，对近期缓解就业压力和远期提高就业率，对我国产业结构调整、高新技术产业化和农业现代化都具有极为重要的意义。教育在经济学意义的有效性，取决于教育的个人回报率和社会回报率，这是收取学费、获得财政拨款和社区资助的理由。从个人回报来说，教育质量的标准是就业、晋升、创业和创新。离开这些标准，教育投资就会变成不良资产，数量质量都沦为空谈。就社会回报来说，大学是培养造就高水平创造性人力的摇篮，是认识未知世界、探求客观真理、为人类解决面临的重大课题提供科学依据的前沿，是知识创新、技术创新和高新技术产业化的重要力量，是民族优秀文化与世界先进文明成果交流借鉴的桥梁。学校要适应学生就业需求，形成有特色的培养方案，使个人和社会教育投资较快得到回报。根据就业、创业和创新的要求，提供多样化的学制和多种培养方向；根据学生实习和就业的反馈，不断更新教育内容；随着就业变化和知识发展，不断调整专业方向；用生动活泼的方式，培养创业和创新的活力。学校在就业市场上打响自己的品牌，不断提高声誉，是取得教育投资效益的关键。作为公益机构，要学会预决算管理和成本核算，讲求效益，精简机构，后勤社会化。政府要讲教育经济学，提高教育投资的社会回报率，个人要讲学习经济学，讲求学习投资的个人回报率。学生是纳税人或纳税人子女，学校应当得到一定数额运行人头费，学生的个人所得税应当得到一定数额减免，学校的发展、调整和拨款应当提上地方人代会议事日程。学生作为尚未完全独立的青年，家长可以给予资助。但是，高等教育对象已经是成年人，应当有自立意识，尽早开始打工和实习，取得工作经历。贷款是不依赖家长掏腰包的自立求学途径。学习两年后工作，工作一段再学习，应当成为多数人的求学方式。学生打工可以获得工作经验，增强学习动力，体验生活乐趣，懂得自立自强。为了高效率利用教育资源，应当提倡两种学习模式。一种是学习与研究结合，在大学和研究生阶段参与科学研究和技术开发；另一种是学习与工作结合，走在实践中增长才干的路。抽象地定义"学历"，把"学历"作为敲门砖，是浪费教育资源。一般来说，从中学开始每个人都要把学与思结合，学与做结合，学会了解情况、研究问题和解决问题。

推动创新与创业是大众化高等教育的基本命题，大众化高等教育一方面要推动就业，另一方面要推动创新。高等学校教师学生开展基础研究、应用开发和产业化，能够在知识创新、技术创新和高新技术产业化过程中发挥重要作用。科学发现和技术发明可以概括为知识创新，而技术创新则是看到技术发明中潜在的商业利润并首次在市场上实现。发展经济如果只抓技术引进产业化，抵御风险能力很弱，我们应当把知识创新、技术创新和产业化结合起来，掌握自主知识产权。地方企业已经不能依靠避税或低工资赢得竞争，每一个企业要想生存发展，都必须抓住自己特殊的资源和市场优势，不断创新形成特色。创新要靠人才，根本出路是在当地发展创新型高等教育。没有抽象的"教育质量"，能够解决当地问题的教育才是高水平教育。培养创造型人才必须转变教育观念。学生不仅要用功、听话，更要有活力。教学中既要说明真理的绝对性，又要说明真理的相对性，介绍认识的历史过程。鼓励独立思考，提倡教学、科研、生产相结合。开展科学研究和科技活动可以培养学生的实践能力和创新精神，是学习活的有用的知识的好机会，是研究生教育的核心环节，也是师资队伍建设的根本途径。围绕学生就业环境的科研是调整教学内容、改进教学方法的依据。学校应为当地的经济建设社会发展提供人才支持和知识贡献。大众化高等教育应当立足于产学合作。学校的办学方向、课程设置、教学内容，都要跟上和适应甚至超前于产业的发展。我国产学合作对建设工业化初步基础做出过重要贡献，随着企业改革和政府职能转变，需要探索市场经济体制下新的产学合作形式。比如，高等学校建立有地方政府和产业界人士参加的校务指导委员会，建立产学研合作示范中心，开展技术开发、技术集成和技术推广，为企业培养人才，又从企业引进人才改进教学。理论和核心技能在学校里学习，技术和实践技巧在企业里学习，鼓励师生创办高新技术企业，既能保持与科技源头的牢固联系，又能实行现代企业制度，还能带动区域经济发展。

第四章
创新创业教育教学质量监控体系

第一节　高校创新创业教育教学质量监控存在的不足

一、创新创业教育教学的外部质量监控尚未独立进行

提高教学质量的真正动力源自大学组织对高质量教育的追求。要形成这种追求，关键在于大学组织质量建设主体意识的强化。因此，在质量监控观念更新上，首要的任务是实现由"外控为主"到"内控为主"的转变。长期以来，由于机制体制的原因，我国高校的教学质量监控一贯以政府主导的外部监控为主。片面的外部监控，由于难以顾及诸多组织的差异，导致质量标准同一、监控模式单一，遏制了高校个性的发展，难以从根本上提高办学质量。目前，高校创新创业教育教学的外部质量监控基本上都是依附对院校总体办学质量情况的评价。

二、创新创业教育教学的内部质量监控需要逐步完善

内部监控是以"本土化"的质量标准为监控依据，以组织和组织内部成员对质量建设的高度自觉为基础，充分尊重专业的特殊性与多样性，能有效地促进学生个性、特色的发展。在内部教育教学质量监控上，高校基本上沿用常规的质量监控手段，将教学过程分解，对教学准备、课堂组织、教学内容、教学方法、教学手段、课外辅导、教学效果，以及教学评价等方面，提出了明确的质量要求和检查评价标准。提出学业考核质量标准，规定学生创业考核的种类和方式、考试命题、试卷审查和制作、阅卷和成绩评定等方面的标准与要求，明确毕业设计和成绩评定的要求与标准。大多数高校有针对性地开展了各个层面的信息交流与反馈，广泛收集教学信息。学校领导、有关职能部门和二级学院（系）领

导坚持学期初、学期中和学期末的常规性听课，并根据教学工作需要进行随机性听课，及时发现和解决教学工作中的问题，提高了教学决策的针对性和科学性。组织督导专家对各主要教学环节进行督导检查，对教学工作进行诊断和专项检查评价。一些学校通过完善常规检查制度，在学期初，召开学期教学工作会议，检查教学工作安排和教学准备情况；学期中，检查教学工作计划和学期授课计划执行情况；学期末，召开教学工作会议，总结学期教学工作，布置考试工作，加强考试过程中的巡视检查等。但综合来看，常规性的教育教学质量监控并不能适应创新创业教育的需要，创新创业教育有其自身发展的需要，有其自身发展的规律和特点，学生的创新创业教育过程与其接受专业课程的理论教学、实训实习均有很大的不同，在时间、空间和活动的对象、方式方法等多方面均有自身的特点和个性，因此，高校的创新创业教育教学的内部质量监控需要逐步完善。

三、创新创业教育教学的全面质量管理基本流于形式

质量不是靠检查出来的，而是生产创造出来的。大学组织的"生产一线"就是教学，对教学一线的质量监控，必须充分发挥一线教师与学生的主体作用。同时，随着大学内部管理体制改革的深化，以管理重心下移为主旨的学院制改革取得进展。因此，大学内部质量监控的重心在教学基层，需要构建与之相适应的监控模式。实践证明，构建学校主导、以创业教育学院为主、全员参与的全面教学质量监控模式是一种有益的尝试。全面质量管理，是一个组织基于质量管理的变革愿景，虽然产生于企业管理实践，但非常切合大学人才培养活动的实际。具有很强的适应性，在大学质量管理实践中得到了广泛应用。具体到教学质量监控工作，要特别强调过程监控。因为教学质量在很大程度上形成于人才培养的全过程，如果某个环节达不到质量标准，质量链条就会断裂，整体质量就得不到保证。同时，全员参与是基础，没有这个基础，一切都是空中楼阁。要通过质量文化建设，催生质量意识，内化为自觉行为，筑牢全员参与的思想基础。在全面教育质量监控模式下，学校倾力于教学质量标准建设和目标管理，创业教育学院倾力于具体教学活动的监控和管理，师生员工能自觉评价和调整自己在工作或学习中的行为，从而实现质量监控主体和客体的统一，使内部质量监控的各种力量形成合力。该模式在操作层面可以通过实施校内创业教育学院教学工作评价制度来实现。校内创业教育学院教学工作评价的重点是创业教育学院与各二级学院的教学工作和管理工作，目的在于客观评价各学院的教学工作，准确诊断工作中存在的问题，激发师生质量意识，实现教学质量稳步提升。目前，大多数高校的创新创业教育虽然强调了全员全过程育人，有些院校也制定一些制度，鼓励教职工支持创新创

业教育的开展，但总体上看，高校尚未牢固树立全面质量管理的理念，创业教育学院基本上是单打独斗、独立支撑，少数几个职能部门如团委等因业务重叠关系有互相配合的状态存在，由于机构设置的职能分布不同，创业教育学院大多游离于二级学院之外，与其他二级学院之间的关系仅为战略合作者，并非联盟关系。各二级学院对创业教育学院在师资、生源、优秀生评选等方面基本上都是处于应付状态，造成全面质量管理还处于形式上、口号上，实质性的动作并不多见。

四、加强高校创新创业教育教学质量监控的客观必要性

（一）大力开展创业教育是缓解高校严峻就业压力的必然选择

近几年，我国高等教育发展迅速，毕业生数量大幅上升，随之而来的就业压力日益突出。以 2010 年为例，全国普通高校毕业生达 631 万人，其中，高校毕业生人数占据了一半以上。与此同时，创业是经济活力之源、社会进步之翼，是扩大就业的倍增器。因此，大力开展高校的创业教育是我国发展经济的迫切需要，是解决失业问题的必然选择，也是高等教育进一步发展的增长点。

同时，市场经济的快速发展需要一大批掌握现代经营方式和信息技术等现代技能的高技能人才，特别是金融、保险、旅游、通信、商务、科学教育和社会服务等发展迅速的现代服务行业，高技能人才需求旺盛且增长强劲。但我国高技能人才培养工作基础薄弱，培养体系不完善，评价、激励、保障机制不健全，高级技工、技师、高级技师占职工比例偏低，高技能人才的总量、结构和素质还不能适应产业转型升级的需要，高技能人才严重短缺，已成为制约经济社会持续发展和阻碍产业升级的瓶颈。

（二）高标准的创新创业人才培养目标与相对落后的创新创业教育现状之间的矛盾日趋激化

我国高校于 20 世纪 90 年代中期开始引入创新创业教育。20 多年来，尽管进行了不少有益的探索，但创新创业教育的普及性还不高，相关的教学、模拟和实践环节缺乏连续性和系统性，而且，创新创业意识和技能的培养缺少土壤，创新创业文化氛围尚未形成。具体表现在创新创业教育观念落后、创新创业教育尚未融入高校的人才培养体系、缺乏相应的师资力量、缺乏高质量的教材、不少创新创业活动流于形式。上述缺陷越来越不能满足高标准的创新创业人才培养目标。

（三）高校缺乏针对创新创业教育教学质量的监控体制影响了教学质量的提高

目前，国内高校都在积极研究如何构建适应本校情况的教学质量监控体系。但是，专门针对创新创业教育的教学质量监控机制的理论研究和实践探索尚不多。部分院校从绩效角度构建评价体系，来评测学校的创新创业教育能力和学生的创业素质，但未能从教学输入、运行、输出等环节的全过程，构建针对性、可操作性强的教学质量监控体系，影响了创新创业教育教学质量的提高。

另外，高校在传统教育过程中，对教学质量的监控也存在一些问题，在建立创新创业教育教学质量监控体系的过程中，应重视并努力克服这些问题：一是质量监控的范围问题。影响教学质量的因素种类繁多，监控范围不全面，存在盲点。二是质量监控的体制机制问题。目前，虽然大多数高校设立了教务处、系部、教研室三级教学质量评价和监控机构，建立了教学质量监控制度，但是教学管理运行机制还不完善，质量监控不到位、监控人员不落实、责任不明确、信息不准确等现象在许多院校不同程度地存在。三是质量监控的导向问题。教学质量监控的目的应"不在于证明，而在于改进"。因此，有效的教学质量监控不仅应该"鉴定教学质量的全面状况"，而且应该提供反馈信息，促进教学质量进一步提高和持续地改进。

第二节　高校创新创业教育教学质量监控体系构建

一、全面质量管理理论的内涵与发展

全面质量管理理论由美国学者费根堡姆在 1961 年首次提出。全面质量管理理论相对于传统的品质管理理论有了很大的进步，充分考虑到产品在设计、生产、销售等环节一体化和链式发展的特点。这个定义强调了三方面内容：首先，"全面"是对于宾主双方要充分认清创业教育开展的"统计"而言。全面对于市场而言就是要取得客户的信任和依赖，符合客户的期望值。要达到这样的目的，组织必须动员所有成员，群策群力去解决问题。其次，"全面"对于生产而言，商品的出厂需要经历原料采购、流水线作业制造、品检、包装、物流等一系列步骤，这些步骤相互制衡、缺一不可，且每个步骤都决定着商品质量的好坏。最后，质量应当是"最经济的水平"与"充分满足顾客要求"的完整统一。

高校把质量管理纳入教育教学管理中，在创新创业教育教学中实行全面质量管理的思想，就是将全面质量管理理论与创新创业理论相融合，将创新创业教育体系中的各个组成部分相互衔接、相互制衡、相互协同，实现创新创业人才培养的诸要素与质量上乘、人才优异的目标同向而行。将各环节的资源统筹运用、运用系统思维整合和排列与质量建设相对应的创新创业教育行为、引导创新创业教育组织和个体，按照全面质量管理系统的既定要求，规规矩矩地开展创新创业教育和创新创业行为，最终达到各个单元均衡、各个组织满意的人才培养目标。

全员是指高校的所有教职员工，不仅仅是专任教师或是从事创新创业教育的教师和管理人员。全面质量管理中的全员要求学校的各级领导要率先树立质量管理观念，带头践行质量管理行为，带头贯彻质量管理制度和质量管理手册，带头创新创业教育行为。各个部门、各个基层组织都必须在创新创业教育质量建设中发挥积极作用。每个教职员工都要发挥主人翁精神，立足学校创新创业教育实际，参与质量建设，严格遵守规章制度，自觉完成上级布置的质量管理任务，真正达到全员育人的最佳状态。

全过程是指高校创新创业人才培养质量贯穿于人才培养的整个过程，从学生入学前到进入学生创业园实践或到企业顶岗实习阶段，再到毕业离校、用人单位信息反馈等。人才培养过程中的任何一个环节，都是全过程质量管理的要素，这些质量要素都会直接影响到创新创业教育教学整体质量的提高。

全方位是指从创新创业教育教学内容和课程体系到教学方法、教学手段，从教学基本建设到教学工作评价，从管理队伍建设到管理组织建设和管理制度建设，从校园文化到教学环节等方面的管理，创新创业教育教学质量的全方位性是教育教学质量全员管理、全过程管理的内在要求。

二、高校创新创业教育教学质量监控的基本元素构想

质量监控的主要元素在国内的研究中基本形成了比较一致的方向，他们认为应对学校定位、人才培养目标、人才培养方案、教学设施设备、教学团队状态、学生素质、校园文化、教学管理等元素进行系统监测。一些学者认为信息收集对于创新创业教育质量的提升具有一定的促进作用，高校目前督导专家队伍建设（如建立校院二级督导体系，组织安排资深教师定期检查课程授课计划、人才培养方案、教学大纲，随堂听课，指导青年教师参加教学比赛等任务，并对课程教学进行专家会诊，研究提升教学质量的方案和路径）。与

师生面对面交流，听取师生对于创新创业教育的意见和建议，尤其是对于学生反映的，这些意见和建议都是来自第一线的最真实的反映，是从不同角度阐释创新创业教育过程中的问题，高校必须高度重视，尽力解决这些问题，使得信息收集、整理、反馈机制通畅，有利于形成高质量的建设闭路机制。问卷调查也是了解创新创业教育质量的关键手段之一，问卷调查可以避免师生群体不愿意表达真实想法的现状和问题，会收集更为深入的问题，使得问题产生的根源、解决的办法都更加科学、直接、真实、有效。鉴于上述的分析和研究，本研究根据创新创业教育的现实状态和发展规律，将质量监控的要素分为培养目标、组织机构、师资队伍、信息反馈和条件保障五个方面的基本元素。培养目标主要聚焦学校在政策等方面的重视程度，以及人才培养的规格是否符合区域经济社会发展的需要等；组织机构指是否建立了高效的管理机构，负责部署和执行各项质量监控措施；师资队伍指高校从事创新创业教育教学工作的教师和管理人员的工作能力是否满足学生成长成才的需要，师资队伍的培养和考核机制是否健全；信息反馈主要考察创新创业教育教学效果在不同群体中的反应，注重信息渠道是否通畅、反馈的信息是否具有真实性和及时性；条件保障主要考量制度、硬件设施设备、软件配置等保障创新创业教育教学质量的实施情况，涉及制度的制定机制、完善教育教学保障机制、激励机制等，考察措施是否有力，效果是否突出；等等。高校创新创业教育的质量监控要围绕上述五个基本元素展开，全面、全过程、全方位监控创新创业教学质量，评价创新创业教育教学活动的状态，为提高高校创新创业教学质量奠定基础。

三、高校创新创业教育教学质量监控体系的构建模式

通过对影响高校创新创业教育教学质量的基本因素（人、物和管理的因素）的分析，立足高校创新创业教育教学活动全过程，按照全员性、全方位、全过程的"全面质量管理理论"，从监控目标体系、组织机构体系、制度保障体系、激励约束体系、督导评价体系和信息反馈体系六个方面构建创新创业教育教学质量监控体系，最终建立一套切实可行的高校创新创业教育教学质量监控管理方法。

（一）构建战略层：通过创新创业人才培养目标定位和社会需求分析、内外环境分析，从全方位的角度，确认各个教学环节的监控目标

高校创新创业教育教学质量监控体系是一个封闭的管理系统，这个系统从它的监控目标开始。监控目标体系应该从教学输入质量、教学运行质量和教学输出质量三个方面进行

目标监控。

1. 教学输入质量监控目标

（1）对学校创新创业型人才培养目标的监控。具有符合高等教育的人才观、质量观、教学观，重点突出职业性和专业性，培养具有开创个性和创业综合能力的可持续发展的高素质技能人才的教学思想理念。具有以创业意识、创业心理品质、创业知识、创业能力培养为主线，建立"产学研"结合紧密、校企双向介入、共同育人的创业人才培养模式。主动适应经济发展需要，结合区域经济特色，制订科学完整的紧密结合专业特色的创业人才培养方案和毕业生质量标准。

（2）对创新创业教育的课程体系与教学内容的监控。对于创新创业教育的课程体系与教学内容，主要监控其是否与培养目标相适应。对课程体系的监控主要包括课程结构、教学计划、教学进度、课程标准和教材。对课程结构主要监控创新创业教育课程是否采取必修课与选修课相结合、显性课程与隐性课程相结合、学科课程与活动课程、实践课程互动的多元形式；对教学计划主要监控其内容是否与学生知识和能力的培养目标相符；对教学进度主要监控其是否与专业课程教学进程一致；对课程标准主要监控其是否与教学计划相一致；对教材主要监控其时效性、针对性以及应用性，同时要严格监控教材规格。对教学内容主要监控其是否与教学培养目标、课程标准、教学计划相符，制定的课程标准是否与国家要求相符，是否对应地方经济社会发展的现实需要，是否符合人才培养质量的各项指标要求。

（3）对教学资源的监控。教学资源包括软件资源和硬件资源，对创新创业人才培养具有保障功能，是质量监控中的重要一环。本研究将教学资源的监控解释为资金保障、师资队伍和实训基地建设等。资金保障也就是经费投入方面稳定且足够使用，这是高校开展创新创业教育的基础性条件。高校的经费来源主要包括中央财政、地方财政的专项和生均经费、学校自筹经费和社会资助。对经费的监控，主要是总经费、年生均经费与标准经费的比较，与本校上一年的纵向比较和与本区其他高校的横向比较，不能低于平均水平。师资队伍是高校创新创业教育质量保障的重要条件。对于教育而言，师资力量是保障教学质量的基本条件。师资队伍的监控指标主要是学历、数量、经验、结构等因素。高校的师资队伍主要强调双师型师资队伍，尤其是企业经验丰富的师资队伍。教师素质主要是教师创新性教学能力、教师的创业指导能力、教师科研成果与创业实践衔接能力、教师捕捉创业信息能力（教师继续教育培育计划与实施）等。创新创业教育实训基地建设主要包括具有真实工作环境的校内实训基地的数量与建筑面积，校内实训基地的利用率，校外实训基地的数量、建设水平和利用率，科技园、孵化器等提供的服务能力等。

2. 教学运行质量监控目标

高校的教学过程一般都是由理论和实践两个部分有机组成，创新创业教育教学活动质量监控的形式基本上按照教学的基本规律，在理论和实践两个层面开展质量监控行为。理论层面包括课堂教学的系列环节，强调课堂教学效果，目前也在突出过程性考核的手段；实践层面主要是组织学生开展创业活动或者是在实训室（实验室）中开展创业行为的质量检测等。

3. 教学输出质量监控目标

教学输出的产品是学生，因此，对教学输出质量的监控，也就是对创新创业人才培养质量的监控，主要包括对学生创业能力、创业资格证书、创业参与率、创业成功率以及创业学生（学生满意度和社会声誉等）跟踪调查等的监控。

（二）构建执行层：整合全员参与的监控组织、建立系统的监控制度、设计全过程的监控流程和多元的评价指标

1. 组织机构体系

创新创业教育教学质量监控组织机构是指实施教学质量监控管理的有关机构和人员，主要由学校、二级学院和教研室、教师、学生四个层次构成。

第一层次是学校教学质量监控与管理机构及人员，由主管校长、创新创业指导中心、教务处、教学督导委员会及其管理人员组成。形成创新创业教育教学质量管理决策、教学过程监控和教学质量评价"三位一体"的教学质量监控模式，在教学质量监控中起主导、组织、调度、指挥和监督作用。其中，创新创业指导中心和教务处作为集中的监控机构，根据学校创新创业教育教学质量管理制度对整个教学过程进行全方位的监控，主要侧重于监督。教学督导委员会包括校内督导人员和校外专家，主要侧重于评估。

第二层次是二级学院和教研室教学质量监控与管理机构及人员，由二级学院院长、分管教学院长、教学秘书等二级学院管理人员和教研室主任组成。二级学院主要是制订结合所属专业的创新创业教育教学计划，组织课程安排，开展教学质量研究及教学质量检测，对教学环节进行教学检查，进行教学基础建设，对教研室的教学活动和学生的学习活动进行管理等，侧重于检查。教研室主要是根据教学质量管理的目标和教学计划要求，对所属课程的各个教学环节进行组织管理。同时，教研室主任负责本教研室老师的各种教学活动，教研室侧重于执行。

第三个层次是教师。教师主要是对学生的学习质量进行监控，主要侧重于落实。

第四个层次是学生。由学生组成学生评议教学委员会，对学校的管理和任课教师的教学情况进行评价，学生主要侧重于反馈。

2. 制度保障体系

对创新创业教育教学质量监控制度的管理，主要是通过建立教学质量管理的规章制度。有效组织教学相关机构，使教学相关管理活动、各个教学环节规范、科学、高效运转，确保教学质量的稳步提高。教学质量管理规章制度主要包括：（1）教学检查制度；（2）学生评教、领导评教、同行评教、行业专家评教、师生评管制度；（3）领导、教师听课制度；（4）教师评学制度；（5）学生教学信息员制度；（6）教师教学质量考核制度；（7）教师岗前培训制度；（8）学生课程考核管理规定；（9）试卷分析制度；（10）创业设计评估制度；（11）毕业生创业情况调查制度；（12）实践教学评估制度；（13）课程建设评估制度；（14）教学状态评估制度；（15）教学事故处理制度；（16）教学督导制度等。这些制度的建立和实施初步形成了创新创业教育教学质量监控制度的管理体系。

3. 激励约束体系

教学质量监控激励约束体系也是教学质量监控体系的一个重要组成部分，其作用是依据监控评价结果，对教学活动的主体——教师、学生以及教学管理人员等进行行为上的激励约束。激励的形式主要包括物质的激励、精神的激励（如成就感、认同感与荣誉感等）、需求的激励（满足自身需求、实现自身价值）、竞争的激励等。约束体系是从抑制角度出发，通过一系列制度措施来防止偏离管理目标的行为的发生。约束机制主要有制度约束、环境约束、自我约束和道德约束。

4. 督导评价体系

督导评价体系是教学质量监控体系的一个重要组成部分。教学质量督导体系大体由以下三个方面构成：一是建立教学质量督导机构及专门负责教学质量督导评价的工作部门，主要是对收集的信息进行处理、说明与判断，找出、分析并诊断问题；二是进行校内经常性教学质量督导评价；三是对学校办学水平和教学质量做出准确的评价，为教学改革及学校改善管理措施提供依据。

（三）构建支撑层：搭建多渠道的信息反馈平台

教学质量信息，是指反映教学质量管理对象及管理过程状况的各种消息、数据、记录、文件、报表等。教学质量信息的采集、处理和反馈是联系教学质量监控体系其他各个环节的重要纽带。创新创业教育教学信息反馈平台主要是跟踪在校和离校学生创业信息，收集反馈信息，建立数据库。

该平台包含以下五个部分：（1）信息收集系统。主要由学生、教师、教学管理人员、教学督导人员、院领导以及校外信息反馈渠道收集的直接反馈教学质量的信息系统组成。主要功能是通过各个渠道全面地收集教学质量信息。（2）信息加工系统。主要功能是将收集到的信息按需求进行整理、筛选、分类、分析、汇总、编写报告等，使之成为有用的质量信息。（3）信息储存系统。主要功能是将整理提炼好的质量信息分门别类以文件、数据库、档案等形式进行存储，以供学院使用。（4）信息输出（反馈）系统。主要功能是通过红头文件、会议、书面、口头告知等多种形式向学院相关部门提供其所需的质量信息。（5）信息技术支撑（平台）系统。主要是教学质量信息反馈所依托的软环境（计算机、网络及相关信息处理软件），给信息反馈者以方便的信息通道，便于质量信息的反馈和信息数据的有效处理，为信息收集、信息处理和信息输出提供技术保障。

四、高校创新创业教育教学质量的指标评价体系

质量评价是创业教育管理的核心环节，它与创业教育的效果和目标息息相关，质量评价是否具有完善的评价指标体系和科学的评价方法直接决定着能否取得客观、全面的质量评价结果。要根据区域经济社会发展的需要和创新创业人才培养的要求架构质量评价体系，高度重视通过实践教学来培养学生创业能力的重要性和价值所在。并积极为促进学生参与实践教学活动创造条件，科学评价学校创业教育的发展状态，定期出版创业教育白皮书，使大力推进高校创业教育能够在社会和学校取得广泛共识。

科学的教学质量评价体系是教学质量监控的基础，而建立评价指标体系是教学质量评价的核心问题。根据"能力为中心""人的全面发展""创新型教师"和"终极性与形成性结合、多维度、动态性"等评价观。设置的创新创业教育教学质量评价指标包含5个一级指标、15个二级指标和50个三级指标。

1. 师资队伍

创业师资队伍建设是关乎学生创业教育成功与否的关键。师资结构是指教师的年龄、学历等方面的信息，以此来判断教师是否具备创业教育工作的基本素质。创新创业人才的培养实际上是金字塔形的人才培养，能够创业、勇于创新的高技术技能人才非常受企业欢迎，而这部分人才的培养必然是高于一般学生的培养，无论是在人才培养方案的设计上，还是在教学方式的改革上，都需要从业者进行创新，甚至是重构。这需要师资队伍具有较

强的理论教学能力和实践从业经验，并能够运用人格魅力去影响受教育者，使得创业活动得以顺利进行并取得预期成效，这一影响因素可用以下指标衡量：论文被引用次数；带领学生成功创业率。

2. 学生素质

在创业过程中取得成功的创业者都有其独到之处。学生的一些素质是天生就有的，如身体的健康和从父母之处承袭的优良品质。一些素质是要靠后天养成的，这些素质要通过教学环节、社会实践和改革创新获得。这些品质中，高校创新创业人才培养需要关注核心品质，也就是通过各种手段强化其后天品质的养成。因此，我们将学生在创新创业活动中素质养成的影响因素分成几个指标：创业课程的出勤率；创业课程的参与率；把创业作为职业选择的学生比例；持有营业执照的新创学生企业数量；学生创业的成功率；学生的一次性就业率。

3. 核心课程

核心课程是与创业联系较紧密、范围较窄、内容精练务实的课程。在对国外多所高校的调查和总结的基础上，国内有学者将创业课程概括为创业意识课程、创业知识课程、创业能力素质课程和创业实务操作课程四大类，也有学者认为要分成创业的财务面课程、创业的操作面课程、创业的策略面课程、创业的法律面课程、特定产业研究课程、环境面课程、个人面课程、整合性之创业实作课程、特定议题之创业实作课程九类，对于核心课程可用以下指标进行衡量：核心课程开设率；一体化课程的学时数和数量；创业知识在现有课程的渗透程度；实践课程的学时数和学生参加率。

4. 教学方法

以往的教学以教师、教材为中心，把考试成绩作为学习效果的衡量指标，创业教育则是对这种教学方法和考核制度的颠覆。创业教育要求在教学中增加商业实战内容，以学生为中心，提倡创业者、教师和学生之间的互动式教学，主要的教学方法有：（1）邀请成功企业家来校做创业演讲；（2）指导学生编写创业计划书；（3）以团队的方式开展商业模拟练习；（4）训练学生的商业谈判技能；（5）组织学生进行社会调查，寻找创业机会；（6）鼓励学生为企业提供咨询服务；（7）搜集企业案例并进行案例分析等。为避免重复，对于教学方法可用以下指标进行衡量：（1）企业家访问演讲数；（2）以商业计划、调研报告作为成绩评定依据的课程比例；（3）案例教学的比例。

5. 创业教育环境

（1）创业教育的软环境。创业教育的软环境是指学校通过政策和措施营造出来的创业氛围、创业校园文化、推崇创业、宽容失败、鼓励创新的环境会使学生更加愿意从事创新活动、具有创新创业的意愿，并为之而付出努力。具体包括：创业社团数量、创业竞赛活动数量和学生创业的社会认知度。

（2）创业教育的硬环境。创业教育的硬环境是指学校提供的经费、创业基础设施和各种保障措施，是保障创业精神的传播、创业行为的开展、创业文化的形成的基础。这一影响因素可用以下指标进行衡量：创业园管理队伍水平，创业园硬件设施，接待学生创业量，获创业活动经费的学生覆盖率；创业园中参加创业教育课程后的学生创业比率；政府的支持性政策出台情况，学校在学分等方面的支持，风险机构的融资支持等。

第三节　高校创新创业教育教学质量监控的运行机制架构

一、高度重视高校创新创业教育教学质量监控工作

创新创业人才培养在高校应该已经得到高度重视，这在无数的理论和实践的经验中都得到了体现。我们需要认清的现实是，我们并不是注重搞了多少创新创业活动，培养了多少创新创业人才，而是要注重创新创业人才培养的质量怎么样，创新创业教育的活动开展得是否有效，这才是我们推进高校创新创业教育的关键。因此，高校要高度重视创新创业教育工作，尤其是在创新创业教育质量监控上要花气力，在这一方面，目前国内的高校还有许多的不足。高校应将创新创业教育教学质量监控纳入日常教育教学监控体系。在学校的方方面面都要提及创新创业教育，而不是将其与常规教育混为一谈。这就要求高校的领导层要树立起创新创业教育质量监控的理念，时刻以质量为人才培养的生命线，通过各种手段，从政策、资金、人力等方面为创新创业教育教学质量监控工作开展创造优越的环境。高校要对各基层单位强调质量监控的重要性，并将创新创业教育质量纳入二级考核，设立评价指标体系，使高校的创新创业人才培养注重质量，强调效益，在基层单位的蔚然成风必然会有利于全校人才培养质量的提升。要加大对创业组织的资金扶持，并强化年度考核和过程考核，将考核结果与年度经费划拨、干部考核相挂钩，并激励创新创业团队勇于创新，提高创新创业人才的综合素质。此外，高校要高度重视文化育人功效，强调各二级学院要树立一院一品的创业文化基站，使基站的品牌效应经过若干年的深化成为提高创新创业教育质量的重要推力。要高度重视学生团体的建设，强化学生会、社团组织在创业

教育中的正向功效，鼓励这些组织开展一些有助于创新创业教育的活动，通过制度化和非制度化、显性和隐性的环境因素及其综合作用，通过多种方式展示学生的才华，吸引学生的精力。同时也使学生架构了相互之间交流的平台，在知识、人际、团队等方面都可以通过文化的交流活动实现整合，促进各方资源使用效益的最大化。要加强宣传，在校园建筑上花气力营造创新创业的物质文化，在校风学风建设上营造精神文化，进而在全校范围内形成你追我赶、争先创业的创新创业文化氛围。

二、着力打造高效组织机构与高素质教师队伍

对于高校的创新创业教育工作，仅仅依靠专任教师队伍是不可能完成任务、不可能取得较高质量的。高素质的管理队伍和顺畅的管理机制是确保高校创新创业教育质量的重要保障。高校要建立科学有效的管理架构，使得组织运转高效顺畅，使得质量监控行为有力有效。高校应建立专门的质量监控组织机构和服务体系，组建学校创新创业教育领导小组，由学校领导亲自挂帅，各职能部门分工明确，独立运转，协同配合。教务处、创业教育学院、各二级学院之间建立起无缝对接的工作机制，共同推进创新创业教育工作。在高校的创新创业教育师资队伍建设上，前面已经做了不少阐释，本节就不再详细论述。主要强调三个方面：一是在师资队伍的招聘机制上要大胆改革，勇于突破传统的人才引进机制、不再强调唯学历，而是要高度重视其是否具有强大的创新力和创业经验，不拘一格选拔人才。二是要高度重视兼职师资队伍建设。目前，不少高校将兼职师资队伍建设作为有益的补充，基本上还是面子工程，实质上的动作还不多见。高校要花大气力引进优秀的兼职师资，强调师资队伍的稳定性，不仅仅在物质方面要给予一定的补助，更重要的是要在精神层面使兼职教师也愿意来校参加创新创业教育活动，愿意领衔培养学生开展创新创业教育活动。三是高校要注重教师业务水平的提升，要经常邀请行业专家学者来校开设专题讲座，譬如设立创业讲堂等。

三、积极构建完善和畅通的教育教学质量的工作机制

高校的创新创业教育工作质量监控机制需要进一步完善。一是高校的创新创业教育质量监控要有计划。事实上，目前高校的创新创业教育质量监控工作基本上都是自发行为，想起来了就组织人马检查一下，或者为了应对上级单位的检查，临时突击一下，这样很难解决高校创新创业教育的质量问题。二是高校的创新创业教育质量监控工作要有组织。目前尚没有专门的部门负责高校的创新创业教育工作质量监控，大多数院校内部的质量监控

都是交叉进行的，分散在教务处、创业教育学院等部门之中，没有一个专门的机构来负责牵头进行。三是高校的创新创业教育质量监控要有信息反馈。建立信息反馈机制是高校创新创业教育工作的质量监控取得成功的重要手段。信息流已经成为与资金流相提并论的重要条件和手段，高校的创新创业教育质量监控工作必须要重视信息反馈，通过搜集信息、分析信息、解决问题，明确发展方向、作用巨大。高校要建立与创新创业教育相关的单位和教职工交流合作的平台，通过召开创新创业教育研讨会、学术沙龙、工作经验分析会等方式，促进创新创业教育质量监控各环节的信息交互，提高彼此之间合作的信任度和亲密度，使部门与部门之间愿意为创新创业教育质量监控通力合作，形成共识，提高工作合力。

四、加快建设创新创业教育教学质量监控保障机制

一是在制度设计上要有所创新。没有规矩，无以成方圆。制度是高校的法律规章，是高校集体智慧的结晶，反映学校的利益诉求和治理方向，确保创新创业人才培养的质量。建设符合高校创新创业人才培养规律的教学常规管理制度、质量监控制度和质量保障制度是高校创新创业教育教学制度建设的必由路径。高校要根据学校办学的需要，按照人才培养的特点，对创新创业教育制度进行废改立，尤其是创新创业人才培养的目标、培养方案和质量监控制度。因为，区域经济社会发展是始终在变化的，不存在一成不变的制度。现在高校一般都重视制度的建立，但在制度顶层设计上明显不足，在制度修订上有所欠缺。高校要在创新创业人才培养教学工作流程、创新创业人才培养工作领导小组业务流程、不同专业创新创业人才培养的方案、创新创业人才实训基地的管理办法、大学生创业园入园管理办法、大学生创业园孵化工作条例、大学生职业技能大赛的工作流程和管理办法、大学生创新创业大赛的竞赛规则、大学生创新创业教育教材开发与管理、大学生参加创业活动的德育考核制度、大学生创新创业教育奖学金评定办法等方面进行制度创新，以完善的制度规范高校创新创业人才的培养，有效提升高校的创新创业教育水平。

二是要在人才培养保障机制上进一步创新。任何创新创业教育活动的开展，都需要一定的资源进行保障，这些资源可能是资金，也可能是政策，或者师资队伍等，保障措施是教学质量的重要组成部分。高校要加强对创新创业教育经费投入的规划，每年在年度经费预算中，要确保有足够的经费可以促进高校创新创业教育质量监控行为的开展。要在设施设备等方面给予足够的供应，要建立经费、仪器设备等资源投入的标准，并确保每年以适当的额度增长，使教育教学质量监控行为得以全面进行。同时，也要高度重视高校的创新

创业教育质量监控工作的软件保障建设，要建立科学有效的质量软件保障机制。譬如高校的决策层对于创新创业教育质量监控工作的重视程度，各项质量监控制度的设计是否科学并得到落实。各项工作机制的开展是否通畅有序、各有关部门的责任意识和职责范围的界定是否清晰明确，等等。高校针对保障措施上的各项指标必须要做到一一对应，寻找工作短板、制定有效措施补足短板，强化高校创新创业教育质量监控工作的作用功效，提高创新创业教育教学活动的效果。

三是要在激励机制建设上进一步创新。高校要高度重视激励机制的建设，要运用好激励的杠杆作用，通过激励机制的运转，激发全校教职员工投身于创新创业教育质量监控工作，共同提高创新创业人才培养质量。因此，建立有效的创新创业教育激励机制是高校创新创业教育质量监控工作的必由之路。对于创新创业教育质量监控的激励机制，本研究认为，主要还是激发高校师生员工，尤其是从事创新创业教育的师生员工的内生动力。以制度为基石，以机制为引导，通过利益驱动机制、荣誉评价机制、末位淘汰机制等相互作用，既体现创业团队的价值指标，也为教职员工大力推进创新创业教育，提高人才培养质量做出贡献。对在创新创业教育中做出突出贡献的教职员工，除了既定的物质奖励之外，还要在精神层面给予一定的奖励。

第五章

创新创业教育课程体系建设

第一节　创新创业教育课程在人才培养中的途径

一、创新创业教育必须与专业教育紧密契合——基础路径

（一）专业教育是创新创业教育的基础

专业教育是高等教育承担的基本职责。事实证明，大学生只有接受了扎实的专业教育，才能为成功创业奠定坚实的基础。创新创业教育的实施，对专业教育的改革提出了新要求。高校的主要任务是培养具有创新精神和实践能力的应用型技术技能人才。大学毕业生不应仅仅是求职者，还应在创新精神的引领下成为工作岗位的创造者。实施创新创业教育，必然要求将培养学生的创新精神与创业能力置于学校教学的中心地位。教学活动始终围绕培养学生创新精神、创业能力而展开，把学生培养成视野开阔、学习主动、反应敏锐、勇于创业的技术技能型人才。高校开展创新创业教育，应该秉承培养技术技能人才的教育理念，积极探索、开创创新创业教育的模式、途径、方法，努力将教育的触角从专业教育延伸至创新创业教育。《中华人民共和国高等教育法》明确规定：高等教育应当使学生比较系统地掌握本学科、专业必需的基础理论、基本知识，掌握本专业必要的基本技能、方法和相关知识，具有从事本专业实际工作和研究工作的初步能力。由此可知，专业教育是高校承担的基本职责。如果只是片面地强调创新创业教育，弱化和忽视专业教育，则是舍本逐末、缘木求鱼，创新创业教育将成为无源之水、无本之木，最终无法达到我们期望的目标。细数近年来评选出的大学生创业标兵、年度人物，他们无不是在具备了扎实的专业知识的基础上才成功创业、服务社会的。事实证明，大学生只有接受了扎实的专业教育，才能为成功创业奠定坚实的基础。没有科学严谨的专业训练、没有专业知识的积累，以荒废专业知识学习为代价的创业，必将半途而废、不会长远。所以，高校要树立以专业教育为基础的创新创业教育理念，将创新创业教育有机融入专业教育过程中。

近年来，我国高等教育事业迅猛发展，专业教育积累了宝贵经验。但是我们也必须清醒地认识到，专业教育的教育思想、培养模式、课程体系、教学内容和方法、考核模式等远远不能适应高校学生创业的需要，不能适应市场经济对大学生创业的要求。另外，作为技术技能型学生进行的创业，应该是有创新的创业，应该是围绕所学专业领域进行的专业创业，以区别于社会上一般的创业模式，彰显大学生创业的特色与活力。因此，高校开展创新创业教育，应该秉承培养技术技能人才的教育理念，积极探索、开创创新创业教育的模式、途径、方法，努力将教育的触角从专业教育延伸至创新创业教育。在扎实开展专业教育的过程中有效融入创新创业教育，加强学生创新创业能力训练，实现创新创业教育与专业教育的有机融合，才是专业教育教学改革的唯一出路。

（二）促进专业教育与创新创业教育有机融合是高等教育的新使命

开展创新创业教育，高校面临着新的使命，即要促进专业教育与创新创业教育的有机融合。首先，高校应该转变传统教育教学理念。一方面，尽快改变传统单一的专业教育理念，充分认识创新创业教育的重要性；另一方面，深刻理解创新创业教育是专业教育的进一步延伸和深化，是时代赋予高等教育的新使命，两者相互联系、相辅相成，不可厚此薄彼、顾此失彼。其次，建立专业教育与创新创业教育有机融合的人才培养新机制。高校应以需求为导向积极调整专业结构，促进人才培养由专业单一型向多学科融合型转变；应以创新创业为导向建立跨院系、跨专业交叉培养创新创业人才的新机制，促进人才培养与经济社会发展、创新创业需求紧密对接；应以创新精神、创业意识和创新创业能力作为评价人才培养质量的重要指标，修订专业人才培养方案、评价标准，细化创新创业素质能力要求；应以科教协同育人行动计划等为契机，探索建立校校、校企、校地以及国际合作的协同育人新机制。再次，健全专业教育与创新创业教育有机融合的教学课程新体系。高校要根据人才培养定位和创新创业教育目标要求，挖掘和充实各类专业课程的创新创业教育资源，实现专业课程与创新创业教育的交叉、渗透、融合，在传授专业知识过程中加强创新创业教育。同时，全面系统开设提高学生创业意识、精神、能力的必修课和选修课，将其纳入学习认证和学分管理；组织专业带头人、行业企业优秀人才，有针对性地开设专业前沿、市场需求与创新创业相结合的专题讲座、报告等，提高学生专业创新创业的敏锐性；

借助发达的网络媒体渠道，推出资源共享的创新创业教育课、视频公开课等在线开放课程，丰富创新创业教育课程资源。只有依次递进、有机衔接、科学合理地开发开设课程群，创新创业教育才能真正落到实处。最后，搭建专业教育与创新创业教育有机融合的创新创业实践新平台。为了让大学生在专业创业实习中更好地认识创业艰辛、历练创业能力、积累创业经验，高校应积极搭建有利于专业教育与创新创业教育有机融合的创新创业实践新平台，如大学科技园、大学生创业园、创业孵化基地和小微企业创业基地等，以实实在在的创业项目对学生进行实战训练，最终将专业教育与创新创业教育的有机融合落实到创新创业实践中。

高校开展创新创业教育，不是要求大学生在就读阶段去创业或毕业后马上自主创业，而是注重培养学生的创业理念、创业观念以及大胆创造、创新的创业精神，同时对有创业意向和准备创业的学生加强创业技能的训练。创新创业教育如果想获得成功，首先要搞清楚创新创业教育与就业教育、专业教育之间的关系。高等教育是秉承促进就业为根本、培养技术技能人才理念的教育，在专业教育中强调根据区域经济社会发展现状的需要、针对不同岗位培养专门人才，实现高校创业实战教学与学生的就业创业的"无缝对接"。创新创业教育以培养具有创新创业素质的技术技能人才为己任，强调以创造、创新为核心的创业精神的培育。创新创业教育的根本就是让学生以创业带动就业，促进就业水平的提高。在目前创新创业教育尚不完善的情况下，高等教育深化专业教学改革、实施创新创业教育和专业教育的融合是一个现实选择。

将创新创业教育与专业建设协同并进是高校改革与发展的必然诉求，并具有得天独厚的环境。高校的专业建设必须依托区域经济社会发展的需要，注重产教融合、工学交替，这与创新创业教育的教学理念和教育手段不谋而合。高校培养的人才为技术技能型人才，主要适合到初创型企业、小微企业就业，大多层次不高，这一点也比较适合创新创业教育的发展规律，即创业型的企业其发展初期基本上都是初创型企业、小微企业，这些企业的发展需要懂技术、踏实肯干的一线工作人员。由于创新创业教育的发展过程是漫长的、可持续的，所以其必然要通过课程建设来实现人才培养的目标。课程建设是专业建设中不可分割的一部分，作为专业建设体系中的核心组成部分，创新创业教育和专业教育的融合必然体现在课程建设上的融合、创新、发展，使学生在理论课、实践课程中都能体会到创新创业的元素。

（三）创新创业教育与专业教育无缝对接的路径

鉴于专业建设与创新创业教育有机结合的重要性，本研究提出从人才培养改革等方面进行推进，促进两者的深度融合。

1. 将创新创业教育的核心要素全面体现在培养方案中。高校教育的人才培养方案是教学环节中非常重要的一环，是实现人才培养目标的路线图。创新创业教育的大力推进，必然要站在高处统筹推进，建立系统思维。因此，高校教育必须在更高层面、在全局树立创新创业教育观，强化创新创业人才的培养目标、培养规格和培养手段，突出创业型人才的重要地位，并将这类人才的培养过程常态化、格式化、标准化，重视培养具有创业韧性、创新精神和实践技能的创新创业型高校技术技能人才，并将这种人才的培养要求深入融合到专业人才培养方案中去，而不仅仅是创业教育学院的人才培养方案或创业类专业的人才培养方案，做到两创教育进课堂，将其体现在所有教学过程中，实现高校技术技能人才培养体系中始终凸显和体现创业型人才的培养要素。

2. 做实课程教学领域的改革。一是高度重视课堂教学改革。通过课堂教学手段的创新等方面的努力，使得专业知识更新、课堂学习效率得到提升，促进学生学习的积极性和创造性。二是在专业课程教学环节中强化学生创业意识和心理素质的训练，提高学生的抗挫折能力和创新创业的自信心、自尊心。三是在课程体系建设上的改革。课程建设上要非常明确地提出专业课程体系中哪些课程是创新创业类课程，必须占到整个课程体系的一定比例；哪些课程面向全体学生开设，哪些课程仅仅面向创业教育学院学生开设，哪些课程仅仅面向大学生创业园的学生开设。在创新创业课程中，对学分安排的结构，专选课、必修课、可选课的比例分布等问题都要进行明确。高校要通过与行业组织及知名专业机构联合开发教材、共同建设实训基地等方式，提高创新创业人才的质量。

3. 进一步强化专业师资队伍的创新创业能力。比选具有创业激情的青年骨干教师，根据创业型人才培养的需要，组织开展专业培训（包括实战训练），提高其业务本领。组织设立创新创业类教研室，并给予资金支持，鼓励教师组成团队设计教学环节。充分利用网络教学平台，结合学生在信息化时代的需要，集体制作网络课程，架构创新创业教学资源共享平台，加快教师的知识更新速度，使最新的专业信息可以迅速进入教学环节。通过与合作企业联合组织项目的形式，选派教师到企业、境外培训交流，拓宽教师的创新创业视野，学习先进经验。积极与行业、企业专家接洽，尤其要高度重视行业协会的组织功效，通过行业协会的组织平台邀请成功的创业者、企业家、技术创新专家来校讲学，进行示范性操作，介绍典型经验，共同研究提升创业型人才培养质量的可行路径，进而培养出适应创新创业教育需要的"本土化"创新创业教育师资队伍。

4. 积极推进创新创业教育的落地生根。首先，高校要高度重视创业文化的建设，要将第一课堂和第二课堂有机结合,实现二者相得益彰、共同发展。要设立一批精品的创新创业类学生社团,通过举办一些譬如创业论坛、规划竞赛等丰富多彩的活动,强化学生之间关于创新创业信息的交流。其次,学校要进一步强化大学生创业园的建设,强化引企入校单位的建设,解决大学生创业实践的空间问题。高校可以考虑对学生进行分类,对重点学生的创业给予一对一的辅导;对于有创业热情但实际上并未参与创业的学生,要带动他们走创新创业之路。最后,高校可以设立一批创业项目,通过项目带动,提高学生的实战经验和实战本领,进而提升学生的创业能力。高校应结合本校的专业教育资源,积极开发可行的创业项目,为每个项目提供具体的创业策划方案,指导学生开展创业实践。同时要面向社会和企业,积极承担行业课题,为大学生创业实践拓展项目。

二、创新创业教育必须与课程改革无缝对接——关键路径

(一) 明确创新创业教育的目标方向,提高创业型人才培养质量

高校的创新创业教育要具有可持续性,要能够始终严格按照人才培养的目标统筹各类资源,推进各项工作。高校的创新创业教育思想必须制度化,并且要严格执行。要科学设计创新创业教育的"十三五"规划,明确责任目标、责任人和完成期限,严格按照规划中设计的指标进行人才培养工作。高校的创新创业教育要注重将精神和意识、技术和技能的提升因素全面融入创业型人才培养环节,建立工学结合、校企合作的人才培养模式,呈现人才培养的教、学、做合一的特点。为区域经济社会发展提供有力支撑,也使地方政府、行业组织、知名企业愿意反哺高等教育,助推高校的创新创业教育、培养区域经济社会发展急需的创业型人才。

(二) 促进创新创业教育的能力提升,强化课程体系改革

高校的创新创业教育与本科院校略有不同,更加强调能力的培养,尤其是要掌握创业所需要的基本技能。虽然在创业理论、创业理念等方面高校远逊色于本科院校,但高校的学生心理素质总体较好,抗挫折压力的能力较强,而且会比较务实地盯住某一项目深入挖掘下去。因此,高校的创新创业课程的设置,除了专业要求的知识与能力必不可少外,在法律事务、经营管理等方面要学习的理论知识也比较多,学生学习起来比较枯燥无味。教、学、做一体的课程内容改革是实现创业教育的根本保证,高校技术技能人才培养的现实需要、高校可持续发展的必然诉求,是高校创业教育在专业教育中能否取得实效的关

键。要在新知识、新技术、新工艺等方面下功夫，对接社会前沿问题、传播最新前沿理念、学习最新的创业技术，以适应新的形势需要，让学生获得较全面的发展。

（三）着力营造创新创业的文化环境，积极开展社会实践和社团活动

国内学者普遍认为，第二课堂并不逊色于第一课堂的主渠道功能。第二课堂潜移默化的作用比较适合高考成绩不高但喜欢动手操作的高校学生。高校学生普遍认为理论课程比较枯燥乏味，主动学习的动力不足。开展创新创业类的社团活动，一方面可以潜移默化地培养学生的创业素质和能力，另一方面对于学生形成良好的组织管理能力、沟通协调能力和人际交往能力十分有效。理论课程的教学普遍使学生学习效果较差，吸收的专业知识容易忘记。而重复性的动手操作使得学生具有一定的职业惯性，在技能培养方面的作用大于理论教学，这符合创新创业教育的发展规律。因此，高校要积极用好第二课堂的平台，精心设计创新创业主题，集聚校内外的优质资源，开展一系列校园文化活动、社会实践活动，使学生的职业素质得到显著增强。例如，组织学生对政府部门、行业企业、社会机构等进行调研，了解当地经济社会的运行状态和政策导向；开展学生职业生涯规划策划大赛等活动，让学生利用各种测评工具，对自身的发展状态进行自我评估、找准职业发展的定位，明确人生在各个阶段的基本特点，实现岗位与人的职业能力、职业兴趣相匹配；举办专题报告、专题讲座及创业教育座谈会，讲述身边人的创业故事，让广大学生信服创新创业教育的益处和价值，克服心理障碍和创业恐惧心理。

（四）以培养创新创业实战能力为目的，建立创业实战基地

利用学校的大学生创业园或实训基地，积极推进学生的创业实践活动，为学生创设在校期间进行创业的机会，让他们在实践中品尝创业过程的矛盾、困难、挫折、成功，培养其风险意识和独立性、坚韧性、适应性，锻炼其创业能力，积累创业经验。创业实践应成为高等教育工学结合人才培养模式的重要形式，具体落实到人才培养方案中去，并成为高等教育专业课程体系中的一个重要组成部分。

三、创新创业教育必须与校园文化深度融合——重要路径

创新创业不仅是当前经济社会发展的重要行动纲领，也是当代大学进一步提升人才培养质量的教育要务。而笔者认为，厚植高校创新创业文化是实现这一教育要务的核心与关键。

（一）创新创业文化是经济社会发展的重要引擎

美国是当今世界最大的单一经济体，2015 年初国家统计局发布的经济数据显示，2014年我国国内生产总值（GDP）首次突破 10 万亿美元大关，达到 10.4 万亿美元，而美国同期的 GDP 为 16.197 万亿美元，单就 GDP 而言，中美两国似乎已处于同一数量级。但我们应清醒地认识到，我国的人口基数为美国的 4 倍多。其实，决定人们生活水平高低的是人均经济产值，美国 2014 年人均国内生产总值是 5.46 万美元，我国是 7582 美元，而且这是经过价格差异调整后的数据。这样来看，美国是遥遥领先的，中国还需要在相当长的时间内保持经济高速增长才可能赶上美国。

美国在 19 世纪 90 年代就成了世界最强大经济体，并且经久不衰，许多学者将此归因于美国深厚的创新创业文化。美国商务部知识产权官员戴维·卡普斯曾表示，创新是国家经济发展的基石，美国自第二次世界大战以来的经济增长有 75% 来自产业创新和技术革新。相关网站近期发布的一项由国际研究团队开展的名为"全球创业观察"的研究表明，2014 年参与创业或者经营企业的人数占到美国总人口的 14%。其中，25 岁至 34 岁的人群中选择创业或者经营新企业的比例达到 18%，这两项数据在欧美发达经济体中遥遥领先。

（二）高校教育是引领创新创业文化发展的重要力量

教育本质上是一种文化活动。高校教育是国家和民族文化传承的重要载体，不仅本身深受文化传统的影响，而且与社会、政治、经济等诸方面有着密切的文化互动。与政治、经济等相比，文化与高等教育具有更深层次的本质联系。如果说教育最基本的社会任务是文化传承，那么高等教育对社会文化的传承具有更重要的意义。

文化的生命力在于它不断创新，只有时时更新的文化才能历久弥新。如果说普通教育主要的功能是文化传递、传播，那么，高等教育在文化的选择与传递过程中则不断地批判旧的文化，推动整个社会文化的演进。批判与创造文化是高等教育的特殊功能之一。创新创业文化是我国经济社会发展到一定程度时，在社会文化层面的自觉与必然的选择和强化。高校教育在引领社会创新创业文化方面具有其独特优势。大学是知识和人才的聚集地，是前沿科学、尖端技术、先进文化的发源地，在引领社会文化发展中有人才和知识上的有利条件。人才培养是大学的核心使命，大学生是支撑未来社会进步发展的高素质生力军，其也是精力最充沛、思想最活跃、最富创新精神的青年群体，他们是高等教育引领社会创新创业文化的重要载体和不竭动力。

（三）培育创新创业文化是大学自身改革与发展的内在要求

我国高等教育规模的稳定增长带来两个重要命题，一个是如何持续提升教育质量的问题，另一个是保证大学毕业生就业的问题。当今的高校教育，单纯强调培养掌握高级知识的专业人才已经变得不合时宜，更需要强调知识与能力的有机结合，品行与素质的协同提升，使人才培养基本标准与鼓励个性化发展相协调。我国高等教育相对于社会经济发展来说，一直以来采取的是适度超前发展的政策。2015 年我国大学毕业生达到 749 万人，毕业人数再创历史新高。这一方面表明我国高等教育人才储备很多，另一方面因为社会经济正处在转型时期，导致社会能够提供的就业岗位相对不足，大学毕业生整体就业形势显得异常严峻。

以创新引领创业、以创业带动就业，将是解决当下大学生就业难题的重要途径。鼓励大学生创新创业，积极调动蕴藏在大学生群体中的无限潜力，造就一大批新兴初创公司，既是大学生自我设计、自我实现的有效途径，又是高等教育自身完善发展的内在要求，更是我国未来经济持续健康发展的希望。长沙理工大学专门成立了大学生创新创业指导与服务中心等专门机构，加强创业政策、创业实践的指导，取得了良好成效。长沙理工大学维吾尔族学生阿迪力等 3 人创办的"梦想起航商务电子有限公司"，在短短一年多的时间里，带动了 110 多人就业，2015 年产值近 1 亿元。该校 108 名学生通过众筹方式创办的"无树时光餐厅"也获得了较好的经济效益和良好的社会反响，他们的创业故事受到了国内多家主流媒体的关注和报道。

（四）创新创业文化需要通过多角度、多途径培育

第一，要重视创新创业平台建设。目前，很多国内大学都进行了积极尝试，建设了类似于初创公司孵化器的大学生创新创业中心或者大学生创业园，为大学生创新创业训练和实践提供了必要的硬件条件。同时，要搭配相应的服务、扶持、奖励、资助和管理制度体系，即建立鼓励创新创业的软环境。第二，重视学生社团组织的纽带作用。高校在创新创业教育中应到位而不越位，鼓励学生自我觉醒、自我设计、自我成长。要积极发挥学生社团的广泛带动和发动作用，让兴趣相投、目标相近的人凝聚起来，形成一种交流、互助、启发的合力。第三，重视榜样的教育力量。大学科研活动中也强调创新，但更主要的还是知识创新。换言之，大学教师在创新创业教育中并不具有经验优势。因此，在进一步加强大学教师国际化、工程化的同时，要积极联系发掘知名校友、成功企业等社会资源，特别

是联系更具有话语权的、在创新创业实践中取得成绩的人士，通过创业讲座、实地考察、企业实践等途径开展创新创业教育。第四，正确理解创新创业的适度性。对于大学生创新创业而言，片面强调技术的创新和领先性既不现实也无必要。阿里巴巴并非互联网的创建者，却是让中国互联网更商业化的领先者。某种程度上说，对社会需求的敏锐把握和商业模式上的创新更是初创企业生存和成长的关键。

美国国家科学委员会副主席 Kelvin K. Droegemeier 最近评论指出："中国拥有大量的非常聪明的头脑，然而中国人并不擅长将发明创造转化为产品，而产品才是创新的标志。"此语固然尖刻，但委实令人警醒。我们认为中国的情况正在发生改变，虽然距离预期目标尚有差距。在我国打造创新型国家的过程中，高校应当扮演主力军的角色，而厚植创新创业文化是高校教育的一项长期使命，这本质上是文化传承创新的一项基因工程，能够让创新创业在民族社会文化中发乎于心、流淌于血。

以创新创业教育提升大学文化竞争力，必须在文化自觉和文化自信的基础上借鉴外国先进经验。"文化自觉"是基于一定的知识脉络，研究类别相同或相近而聚集成的团体，对其组织的发展目标和发展方向，将来的发展手段和主要路径具有自觉性。"文化自信"是指我们对自身文化价值的充分肯定和对中华文化生命力的坚定信念，既要坚守自己的优秀文化，又要敞开胸怀，吸收借鉴外来优秀文化。许多欧洲国家不仅开设创业学课程和从事创业学研究，还通过大学科技园区为学生提供良好的创业环境和实践机会。日本的创新创业教育从小学和初中就开始普及，建立起如联合研究制度、合同制度等多种形式的横向联合，并引入市场机制，让高校与生产科研内部发生直接联系。我国大学生创业有着强劲的内生动力和成长空间，我们应吸取国外成功经验，注重创业教育理念的战略性、教育过程的终身性、教育资源的整合性、师资队伍的专业性、课程设置的系统性、实践活动的丰富性，努力实现创业教育的长足发展。

以创业教育提升大学文化竞争力，必须建立注重个性素质教育的创业教育培养模式。创业教育是一种个性教育，在教育过程中要重视"人"存在的价值，重视人自身固有潜能和创造精神的发挥。创业教育又是一种素质教育，注重教育的全面性，要求受教育者的基本素质得到全面和谐的发展。实施创业教育的关键是建立起既有扎实的理论基础，又有较强的创业实践能力的高素质创业者的人才培养模式。高校创业教育培养模式应力求把创业基本知识、基本素质的培养同专业教育有机地结合起来，将创业教育渗透到学校教育教学的全过程中去。由于资金、条件、专业的局限，创业教育往往把大多数学生排斥在创业之外，高校应根据创业型人才教育培养模式构成要素——领导管理系统、教育教学系统、资源保障系统和招生就业系统，设计一个知行并重、产学研结合的大学生创业教育培养模式。

创新创业教育培养模式的实施过程是一项复杂的、长期的事业，需要"高校、学生、政府、社会"四方合作。学校作为创新创业教育活动的主要发起者，要设计出具体的创新创业教育培养模式，建立一支以专职为主、专兼职结合的高素质创业教育师资队伍；学生作为创业教育活动的承受者，并不是被动的接受者，而应该是积极主动的学习者，以兴趣为导航、以专业知识为躯干、以实践活动为羽翼去实现梦想；政府作为创业教育活动的守护者和支持者应加强基础设施建设，提供培训指导，完善创业项目补贴、奖励制度和金融贷款体系制度，将大学生创业活动指数、创业活动对就业的贡献率等各项指标纳入政府政绩考核体系；社会作为创业教育活动的辅助者，应形成鼓励创业的文化氛围，各界人士应坚守社会责任感，为大学生提供创业实践平台。

第二节　创新创业教育课程理论认识

一、高等教育创新创业教育课程建设的基本认识

创新创业教育基本认识和规律的研究是本课题重要的出发点和重要保障，是构建体现高校特色的创新创业教育课程体系和课程建设的根本保证。

（一）创业是创建新事业的过程，是创新精神和综合素质的集中体现

所谓新事业，既包括创办新的实体企业，也包括个人职业生涯中的事业拓展；既包括营利性组织的新事业，也包括非营利性组织的事业创新。创业的本质是创新精神的体现，而具备创新精神的人才是智力因素与非智力因素的结合，要求学生拥有创业意识、创业知识、创业能力。笔者认为，创业意识是创新精神的生长点，创业知识是创新精神的必要基础，而创业能力是创新精神的综合体现。让学生具有较强的创业能力，必须从提高学生综合素质入手，以创业能力为核心，以素质教育为基础，全面提升学生的综合素质。

（二）系统的创业教育应从创业意识—创业知识—创业能力等方面促进个体全面发展

系统的创业教育首先应培养和引导学生的创业意识，其次传授给学生足够的创业知识，最后促进学生将知识创造性运用到实践中去。具体说来，要创造条件和氛围激发学生的创业意识，在传授给学生知识时，鼓励学生创造性运用知识，提高其运用综合知识的能力，使学生在掌握专业知识的基础上学会创业知识，在团队整合中使多种专业知识有效结合，通过创业模拟性训练和创业实践，发现问题、获取知识、整合知识，学会向实践学习，完成创业的全面准备工作。

（三）创业教育的实施需要多途径综合，工学结合是主要途径

创业型人才的培养应当将第一课堂与第二课堂相结合、理论教育与实践教育相结合、知识教育与体验教育相结合。通过立体化的培养体系，采用全员育人、全方位育人、全过程育人的培养方式，充分整合各类资源，形成教育合力，全面提升学生的智力水平和意志品质。创业知识的运用只有在与实践的结合中才能发挥最大效力，工学结合是最佳的创业教育方式。

高等教育创新创业教育课程体系建设应充分体现"夯实基础、鼓励创新、重视实践"的基本原则，设置全面合理的创业教育内容体系，建立切实可行的创业教育实施途径。

二、高等教育创新创业教育课程建设的基本特点

随着近几年国家提出建设创新型国家战略，高等院校的创新创业教育也取得了突出的进步。高校在建设国家示范院校的几年来，在"工学结合"人才培养模式改革的推动下，创新创业教育课程体系和课程建设突出了以下两方面的特点。

（一）在教育理念上的创新——就业适应教育变为创业发展教育

长期以来，中国的知识分子在育人环境中，比较注重学生对理论知识的掌握，也就是强调知识维度、知识结构的养成，很少注重学生的技能操作水平的提升。原有的一些专门从事职业技能教育的学校逐渐升格为本科院校，发展为综合性大学，这主要是因为中华人民共和国成立后高等院校的数量远远满足不了需要。当前中国的区域经济社会发展和人才培养需要倡导人才对社会现实的对应、主动适应环境、发挥主观能动性，而非被动就业。

我们要在教育理念上变就业适应教育为创业发展教育，创造条件和氛围激发学生的创业意识，在传授给学生知识时，鼓励学生创造性运用知识。在运用中构建综合知识的能力，在团队整合中使多种专业知识有效结合，通过创业模拟性训练和创业实践，发现问题、获取知识、整合知识。学会向实践学习，完成创业的全面准备工作，增强学生的竞争力，加强高等学校与地方经济社会发展的联系。创业发展教育理念的提出，使高校人才培养在激烈竞争和社会转型的形势中，变被动为主动、变消极为积极，为培养出社会需要的人才奠定了基础。

（二）在人才培养模式上的创新——理论性与实践性的整合与提高

传统的高等教育在实施中理论性与实践性缺少有机整合，培养出的毕业生有一定理论知识，但只会纸上谈兵，缺少创新思维，就业后劲不足。随着工业社会向信息社会的转型以及经济社会可持续发展的推进，对毕业生的要求不再是掌握一项专业和技能的"岗位占有者"，而是具有创新精神和实践能力的"岗位创建者"。本课题将深刻把握"创业型人才培养是一项特殊的人才培养工程"这一特点，在人才培养模式上整合理论性与实践性。精心设计培养方案，大力促进工学结合人才培养模式改革，这是在传统高等教育弊端不断显现的情况下，实现人才培养理论性与实践性整合与提高的有益尝试。

第三节　创新创业教育课程体系的构建

我国对系统的创新创业教育课程体系认知的缺乏和差异，加之各地的经济条件、市场开放度的不同，使形成系统的、统一的创新创业教育课程体系及课程建设存在较大的困难。高等教育的人才培养要求、工学结合的人才培养特点，使创新创业教育课程体系和课程建设必须具有其鲜明的特性。因此，高等教育创新创业教育课程体系建设研究，对推进专业的高等教育人才培养模式改革，突出工学结合的人才培养特点具有重要意义。

一、高等教育创新创业教育课程体系的特点

（一）以通识教育为基础，培养学生的创业意识

学校应不断提高学生的综合素质水平，树立创业教育理念后，积极培养学生创业意

识，如开设大学生职业生涯规划与指导课程，树立学生的创业意识；在通识教育选修课程中开设系列创业学、创业规划与管理等选修课程；开设现代企业管理、市场营销学、现代管理学等与创业紧密相关的选修课程，着力培养学生的创业意识和能力。

（二）以创业大赛为载体，培养学生的创业能力

高校可以通过参加国家、省市的创新创业大赛拓宽眼界，借鉴优秀院校的成功经验，改进本校的创新创业人才培养方案，从而拓宽参赛选手的视野，提高他们的能力和水平。高校也可以组织校内的创新创业大赛，以此作为培养参加上级组织的大赛的选手，使得校内的学生通过大赛来提高技能、促进沟通。校内大赛的举办可以吸收行业组织和知名企业参加，通过社会的观点和视角来评价学生的创新创业能力能够更客观、更科学、更实在，也能够打开企业选人用人的视野，扩大学校的社会影响力。

（三）以创业实践为平台，积累学生的创业经验

多数高校在创新创业实践中，为学生搭建了具备一定条件的创业实战平台，如校内外的大学生创业园区，为学生创业实践提供了各种可能的服务。通过开设相应的、有针对性的课程和真实的、具有经营活动的实践活动，能够推进学生的创业实践走向市场、接轨市场。高等教育改革更是把学生创业园的实践作为专业"工学结合"的人才培养平台。

（四）与专业教育相结合，提升学生的创业能力

创业能力是创业的保障，是学生实现创业的必要条件。在培养学生的创新意识、创业意愿、民生情怀的基础上，学校着力于学生的专业能力培养，将其与各专业教育紧密结合，培养学生的创业能力，取得了显著成效。学生在专业领域的创业能力逐渐得以加强，并以此作为创业基础，为创业发展奠定了坚实的基础。

二、高等教育创新创业课程体系的构成

结合创业者必须具备的素质，包含创业意识、创业心理品质、创业知识结构、创业能力在内的全面合理的创业教育内容体系是高等教育课程体系的基本要求。

创业意识是学生能否成功实现创业、是否愿意参加创业、是否接受创业知识和理念的基础。其无论是在行为上，还是在其他方面，都支配着创业学生投入创业活动的努力程度，决定着他们的观念和行为，是创业人才培养过程中的重要一环。

创业心理品质的培养。其是创业主体在从事创业行为中对心理与行为起整治作用的个体状态。高校培养出来的创新创业人才必须具备高质量的创业心理品质。这能够使学生在创业过程中消化因失败带来的恐惧和消极心态，可以保证其始终持有积极向上的心态和乐观的人生态度，能够适应外部环境的变化和市场的激烈竞争。

创业知识结构的建构。知识结构是指人们为实现一定的目标，在对知识体系进行一定的学习、选择后，在自己头脑中形成的具有一定层次的、互相协调的知识系统。一个人的知识越多、知识面就越广，结构越合理，创造力也就越大。建立合理的知识结构是创业的必要条件。在培养方案中，高校除了安排系统的创业课程外，还要在通识教育课程和专业教育课程中有针对性地开设一些文理渗透课程、人文素养与科技素养课程、跨学科课程、与专业结合的创业教育课程等，形成通识课、专业课、创业课相互渗透、功能互补的创业教育多元化课程体系。

创业能力的培养。创业能力包括专业职业能力、综合协调能力、组织管理能力。高校创新创业人才必须具有一定的专业特长，使其可以胜任职业岗位，这也是学生是否可以成功创业的基础性条件。综合协调能力是指创业者在市场竞争中能够与周边的资源进行交互，形成独具特色的能力和水平，并善于化解矛盾，达到各方都满意的效果。组织管理能力是指创业者要学会利用计划、组织、领导和控制方式去管理企业。

坚持理论与实际相结合的原则，构建第一课堂和第二课堂相融合、实体课堂和虚拟课堂相补充、显性课堂和潜在课堂相配合的切实可行的创业教育实施途径。

（一）全校通识教育课程

高校应以突出学科的互补性原则设置课程，注重与创业综合素质相关知识的整合，以引导学生关注一些经济问题、社会问题或其他问题，提高其观察能力、思维能力与判断能力，具体包括以下方面：一是强化基础课程，加强人文素质和科学素养教育，使学生基础知识扎实、知识广博；二是强化文理交叉渗透课程，培养学生从不同学科的角度探讨、分析问题，提高其综合运用多学科知识解决问题的能力；三是设置跨学科、边缘学科课程，开阔学生知识视野，加深学生文化底蕴，发展学生非智力因素。

（二）创新创业教育基础课程

一是创新知识，包括创造性思维、创造技法、发明与革新、适应与求变等；二是决策知识，包括信息获取、情报检索、预测决策、反馈调节等；三是现代管理理论，包括组织行为、人力资源、信息系统等；四是社会活动知识，包括人际交往、合作共事、公共关系、社情民意调查分析等。具体课程体系围绕创办新企业或新视野的过程展开，即围绕创新意识和创新思维、识别机会、机会评估和创办新企业或新事业过程设置四个模块的课程，每个模块有两三门课程，具体包括：商务基础、创造性思维训练、创业模拟、创业案例研究和创业计划书、创意与创新、创业管理、行业分析、市场调研等；选修课程包括：创业学、哲学史、科学发展史、管理思想史、美学欣赏史、管理百年经典案例、企业运营管理、人力资源管理、薪酬管理、市场营销学、电子商务、公司治理、生产管理等。

（三）创业教育专业课程

创业教育应当体现专业特色，很多学生将来从事的创业活动与所学专业是有较为密切关系的。事实上，现有的很多大学生创业的成功例子都是如此。高校在专业建设中要突出学生的创业素质培养，让学生学会使用各种工具将知识优化用活，形成全面的专业知识基础。要更多元地培养学生，强化学生的创业技能，让学生在创业过程中体现强大的创新力和创业意识，在创业领域具有较浓厚的兴趣。如文物考古专业的学生，要加强其在中华传统文化保护产业发展中的锻炼，夯实其理论知识和实战经验；财经类专业的学生，要根据专业建设的实际情况，寻找并确定自身的发展趋势，准确把握专业建设中的优势和地位，研究产业发展过程中初创型企业的具体情况。要紧密结合学校学科专业、特点与办学优势，针对经济管理领域、旅游开发领域、文化产业领域和电气信息领域的发展需要，开展创业专业教育。

（四）创业教育实践课程

创业教育过程要构建相对完善的创业教育实践体系，不断强化实践教学环节，提升学生创业能力。通过与创新创业教育基础课程、创业教育专业课程等相结合，积极加强"创业实验"等系列实践课程的建设；通过网络虚拟商业社区的建设，为学生提供模拟训练等实践教学平台；通过校地、校企合作等方式，依托学校科技开发总公司、科技成果转化基地等，加强学生创业教育实践环节的训练等。

第六章
校企协同创新创业人才培养模式

第一节　校企协同创新创业人才培养体系的构建

一、校企协同人才培养的目标定位

（一）校企协同人才培养的宗旨

校企协同教育的宗旨是按照"以区域或行业经济发展服务为宗旨"，以培养应用型专门人才为目标，适应高等教育改革与发展的要求，突出"以学生为中心，以能力为本位"的理念，在人才培养、科学研究、技术开发和社会服务等领域开展各种合作活动，通过资源互补、优势共享等方式发挥高校和企业的各自优势和潜能，促进双方共同发展。

（二）校企协同人才培养功能定位

作为适应现代社会发展的高等院校应积极投入到经济建设的主战场，根据自身特点和优势，面向区域经济和社会发展，开展全方位、多层次的校企协同创新创业人才培养模式。尤其是根据企业对人才培养的实际需要，提高创新创业型人才培养的针对性和质量，提供形式多样的社会服务和技术服务，增强对区域经济增长的辐射力和贡献率，从而为自身资源扩展、基地建设、学生就业赢得更大的可持续发展的空间。

（三）校企共同制定人才培养目标

校企协同创新创业人才培养目标的确定应由高校和企业共同制定完成。企业应将未来发展对员工的需要反映到人才培养中，以制定准确的人才培养目标。面对经济全球化的挑战，国家和社会所需要的人才类型发生了质的改变，具有创新意识和创新能力，是新时代人才质量的核心。作为研究型大学，理应为国家培养高级的创新型人才。因此，研究型大学应与企业共同制定以培养创新精神和创新能力为核心的培养目标。

教学型大学以本科生的培养为主，在知识的深度与广度上，与研究型大学相比较弱，主要向社会提供应用型人才。因此，教学型大学应与企业共同制定适应社会、适应企业需求、具有较强的实践能力的人才培养目标。教学研究型大学处于研究型大学和教学型大学两者中间，以培养本科层次的人才为主。教学研究型大学与教学型大学和应用型大学培养某一方面的专门人才不同，注重的是综合人才的培养。因此，教学研究型大学的培养目标是培养具有较强的实践能力、理论应用能力、运用知识能力和创新能力的复合型人才。

二、校企共建教学体系

课程体系的建设是培养目标能够得以实现的基础。在传统的教学中，教学内容陈旧、教学方法单一严重地阻碍学生实践能力和创新能力的培养。传统的课程结构只把目标放在培养学生的知识框架上，针对性不强，培养的学生不能达到企业的需求。因此，课程体系的建设应该由高校和企业共同参与。

（一）理论课程体系建设

1. 专业课程设置。目前我国高校的专业课程分为专业基础课程和专业课程。专业基础课是指为学生深入学习本专业课程所设置的本专业的入门课程，是学生深入学习所需要的基本理论和基础知识，用于培养学生能力和基本素质的一系列课程，主要包括理论教学和与本专业相适应的实验、实习、实训教学环节。符合本专业培养需求的工程基础类课程、专业基础类课程和专业类课程不应少于学生应修总学分的1/3。在课程的设置中，专业基础类课程和工程基础类课程应能够体现自然学科和数理类学科对本专业应用能力培养的重要性。专业类课程应能够体现系统设计和实践能力培养的重要作用。

2. 增加跨校、跨领域、跨专业的选修课程。目前，任意一门学科的发展都不只限于一个领域内部的发展，而越来越多地借助与其相关的其他学科。国家的发展也更需要跨专业、跨学科的复合型人才，因此，要增加跨专业的选修课程。高校需要根据专业的发展需要，在保证基础课程达到要求的前提下，鼓励学生选择适合自身发展的跨领域、跨专业课程。注重文科类课程和理科类课程的交叉渗透，自然学科和社会学科的交融。不同学科相互撞击不仅可以丰富学生的知识面，还可以培养学生的创新能力。例如，工科类专业的学生可以多选择一些文学类的课程增加其文学修养，也可以增加一些经济类和管理类的课程，以辅助学生今后的职业发展。文科专业的学生可以选修些理科类课程和自然学科的课程，以培养文科生的逻辑思维和科学研究能力。高校也应该鼓励学生跨校选修课程，一是可以拓宽学生的交际面，二是可以体验其他高校的人文信息，还可以节约教学资源。

3. 根据企业需求增设专业课程。课程的设置要以行业的发展需求为依托，要及时根据行业的发展情况做出相应的调整，同时也要符合社会对人才的需求。目前，我国很多高校与企业合作仅限于领导和部分人员之间的沟通，不能使用人单位和高校的教师、学生之间有一个清晰的了解。这样将会造成高校在课程设置上发生偏颇，添加过多高校的主观色彩，与企业的实际需求不相符。让用人单位参与到该专业的课程设置中去，使高校的课程设置与用人单位的需求相结合便可以有效地避免这一点。另外，高校要对本专业的发展方向有比较敏感的触角。在该专业还没有发生质的改变，还没有明显缺少某一方向的人才时，就已经开始做出相应的调整，培养该方面的人才。使高校的人才培养真正走在企业发展之前并引领企业未来的发展方向。

（二）实践课程体系建设

高校应该在企业的协助下开设一些具有一定的综合性、创新性和设计性的实验和实训课程来打破理论与实践之间的障碍，促使理论与实践紧密结合。企业应该拿出一些能够使学生直接参与研究、分析和设计的项目，学生可以在校内或企业内的导师的共同指导下开展该项目的研究，使学生在真实的实践过程中提升自己的专业能力。高校可以将学生在企业参与的实际研究作为一门实践性课程，计算学分。另外还应开设一些与专业设置相关的社会服务类课程，使学生将在学校学习的知识和技能应用到社会实践中，从而使自己的理论水平与实践能力得到提高。

（三）开设第三学期

开展第三学期的方式组织学生实习，使学生将本学期所学的知识很好地应用到实践中。这种第三学期的教学模式是在国内"3+1""2+1"教学模式基础上的一个创新。目前，我国已有部分高校开设第三学期，但多数限于民办高校。

第三学期主要是将每学年的第一学期和第二学期抽出几周构成一个较短的学期，但前提是原有的两个学期的教学周数基本不变。第三学期主要安排学生进行实习、课程设计、综合实验等实践活动。第三学期的实践活动内容在设置上要起到承上启下的作用，要对所学习的理论知识进行应用和巩固并引出下一学期所要学习的主要问题。使学校的理论学习和实习实践像齿轮一样无缝地衔接在一起，交错进行。第三学期的安排要根据行业的特点进行灵活的调整，不能只固定在某个时间段。这又将涉及原有的两个教学周期的设置和调整。

第三学期的有效运行离不开合理的规划和资金的保障。合理的规划主要包括对实践内容、实践地点、管理和评价等具体细节的规划。第三学期的实施相对减少了教师的假期时间，增加了教师的工作量，因此要投入一定的资金在教师的管理上。第三学期提高了学校硬件设施的利用率，教学设备的维护与保养成了教育投入的一大部分。要保证第三学期的顺利进行，还需考虑到学生宿舍、图书馆、实验室、食堂等的开放与管理。另外，对学生实践过程中的安全和考勤的管理都需要详细地布置与规划。除此之外，要保证学生真正有效利用第三学期，还需要有一个完整的、适合的评价方法。这需要在第三学期的长期运行和积累中取得经验并且因人而异、因专业而异、因校而异。

（四）实施双师型教学

和企业共建研究所的高校，可以派出有一定能力的教师参与到研究院的研究工作中。研究所聘任的专家也应到企业和学校进行一段时间的详细了解。这样在工作和科研过程中，企业派出的员工、高校派出的教师和聘任的专家在取己之长的过程中必定会擦出"火花"。这些教师可以了解到相关专业的最新动态以及发展方向，可以把实际工作中的项目带入教学，让课堂教学不再是照本宣科，而是围绕这一个真实的案例来进行，使教学内容更加贴近实践和工作。以真实的案例为基础进行教学，可以提高学生的分析能力和创新能力，也可以为毕业设计提供真实的素材。例如，采用校企共建研究院的形式开展校企协同人才培养。研究院聘任的专家均完成驻场一个半月的企业实地考察与锻炼，学校派出骨干教师以开展研究工作的形式开展双师型教学。这样既可以为企业带来效益又可以推动学校的科研进程，使高校能触及企业技术的最前沿。

此外，高校可以通过聘请符合本专业要求和高校教师标准的企业专家到校任教和派出优秀教师到企业工作的形式开展双师型教学。例如学校中的教师长期在公司工作，这支高水平的教师队伍既为公司提供了技术创新，又能指导本科生的实习和研究生的实验及科研，而且还促进了该校学生在公司就业。

三、校企共同实施培养过程

(一) 订单式培养

订单式培养指的是高校与企业签订用人合同，校企双方共同制订人才培养计划，有效利用高校和企业的优势资源，共同参与到人才培养过程中，实现人才培养目标，最终企业按照协议安排学生就业的协同办学模式。高校、企业和学生在订单式人才培养模式中均处于主体的地位。三主体在订单式培养的过程中应体现其主体地位，各尽其责。企业应以当前行业的发展现状为背景，结合企业的实际需求明确培养数量和规格，并委托学校进行管理。在订单式培养过程中，校企双方应共同制订有针对性的联合培养方案，共同确定培养目标。应把当前行业发展的情况和高校的内在情况相结合，并以此为基础进行课程设置和制订教学计划。高校则根据共同制定的培养目标、课程体系和教学计划进行有针对性的人才培养。在学生毕业时一般由委培单位安排就业。订单式培养莫过于"一班多单"和"一班一单"两种形式。"一班多单"是指一个企业的毕业生需求量比较少，但有多个企业需要该类型的毕业生，这种情况下采取多个企业共同下订单的形式，高校按照职业岗位相近原则，以职业岗位能力培养为主，采取一个专业对应多个企业订单的形式组建班级。如果一个企业的订单数量足以组建一个班级，企业的岗位要求都指向一个专业，这就形成了"一班一单"的形式。订单式人才培养的模式要求相关专业学生自愿报名和进行考核面试，选拔合格的学生组成班级，参加企业实训基地的实训教育，经过严格的培养和训练，使这些学生在毕业时具备了企业正式员工的水平和能力。学生在毕业后能很快进入企业工作。

订单式人才培养模式要求学校和企业密切沟通，需要就招生与企业用人、专业设置与企业岗位要求、教学与生产经营实际需求等几个方面进行磋商与确定。订单式人才培养模式还需要企业对未来几年的发展方向、发展需求有一个明确的定位和准确的概括。否则订单式培养的学生不但不能促进企业发展，还会增加企业负担。

(二) 校企教育资源共享

积极探索和推动校企协同培养模式，了解企业和市场需求，搭建校企协同对接和沟通的平台，校企协同，共同培养专业、职业型人才，实行资源共享。加强校企协同人才培养，有利于提升企业的技术研发实力，也有利于高校创建对高新技术产业的研究以及大学生创业教育经验的机制。企业为高校搭建实习平台，高校成为企业的技术研发合作与人才培养基地，双方共同打造"合作、互动、共赢"的校企协同综合平台。同时这种校企协同教育可以通过集合双方各自优势来共同培养企业、社会所需人才，对企业与高校育才机制以及对社会公益贡献有着重大的意义。资源共享也是企业的科技创新以及企业求人、育人机制方面发展到的一个新的高度。

资源共享还包括校企共建实验室的形式。企业投入先进的设备和技术，高校则利用其得天独厚的实验教学条件和师资力量，实现资源共享。校企共建实验室使学生的培养和职工的培训相结合，优势互补，节约资源。校企可以根据实验内容和面对的群体不同建设不同层次的实验室。首先是面向低年级学生需求的基础实验平台，主要开设课程实验及承担部分课堂教学任务，通过常规基础实验的训练，使学生掌握基本的实验理论、基本实验方法和基本实验技能。其次是为大学二年级以上学生设置的综合应用实验室。主要通过大量的开放型、创新型实验项目和各种课程设计，培养学生对所学知识的综合应用能力。最后是适应基础较好、动手能力较强、学习能力较强的学生进行创新设计和科学研究的创新研究实验室。主要向学生们提供较完备的实验设备和开放的实验环境，结合科研项目培养学生的创新思维，激发学生们发明创造的潜能。

对于具有雄厚师资力量的高校来说，拥有良好的实验、实训条件对学生的培养会有很大帮助。然而在大量的实训设备的更新、维护与保养过程中仅依靠高校自身的力量已经远远赶不上教学的发展速度，无法满足企业对人才的需求。目前，许多高校，特别是应用型高校还难以建立起完整的实验、实训平台。如果高校一直依赖相对落后的实验设备或仿真实训，容易导致学生实践能力与企业的实际需求脱轨。因此聚集社会各界的力量，以技术服务和有偿培训服务换取实训设备资源实现资源共享是一种双赢模式。对于企业来说，技术是企业的重要命脉，优质的员工培训，对提高产品质量和生产效率，对设备的有效利用和维护都存在一定的好处。因此，与高校达成以实训设备换取技术服务和培训的资源共享模式合理地解决了企业对设备处置、员工岗前培训等一系列问题。

（三）学校冠名企业

高等院校若想使学生更好地利用实习实践的时间，真正做到将自己所学的知识运用到实践中并从中提高自己的动手能力就要有自己的企业，高校可以选择与自己的部分专业需求相匹配，并有一定技术基础的企业为其提供技术和部分资金的支持。使该企业成为学校冠名企业，成为学校的一部分。要想使高校冠名企业成立教学工厂的校企协同形式发挥出最大功效首先要合理化协同企业的地位。其次要强化合作机构的组成。有关行会、相关企业、教育局、劳动局、高校等相关负责部门的代表组成培训委员会。最后，完善教学管理。教学工厂应设立教学经理一名，实行经理负责制，根据学生、设备的数量配备理论教师和培训教师。在学生数量较多的情况下可以为教学经理配备助手。理论教师和培训教师共同办公，培养双师型教师队伍。构建与现代企业要求相适应的教学大纲和与国际标准统一的考核标准体系。高校冠名企业，成立教学工厂是一种新型的教学理念，教学模式也是一个新的组合型的概念。其主要特征是将实际的企业环境引入教学环境中，并将二者很好地融合到一起。该教学工厂是一个综合的教育平台，同时也是一个载体。教学工厂以职业发展为标准设计教学过程。在工作环境中开展教学，把专业课程的学习搬进工厂。教学工厂为学生提供了一个工厂的学习环境，学生通过在企业环境中学习实际知识技能，成长为符合社会需求的高水平职业人。工厂在双师型教师队伍的带领下，在学生的辅助下完成了生产任务并节约了成本。高校在教学工厂协助下完成了教育任务，为社会培养出适应社会发展的人才。

四、建立校企双方有效协同的机制

（一）建立校企协同的引导机制

校企双方应共建校企协同的有效机制。首先，共建校企协同工作委员会。该委员会由行业、企业、高校三方高层管理者参加。主要审议高校的培养目标、培养模式、师资队伍建设、招生、就业等问题，并且根据企业、行业未来的发展方向提前制定好发展规划、确定人才培养方案，并以此组织进行课程改革。其次，成立技术合作开发与培训委员会。由高校科研能力较强的教师和企业技术骨干组成。该委员会主要针对企业需求进行新产品的研发、对高校的科研成果进行转化以及对新技术的应用。此外，在人力资源部门的协助下该委员会对校企双方员工进行技术培训、新科研方向的传递等。

（二）建立校企协同的管理与反馈机制

根据协同理论，建立校企协同、统筹规划、分工负责、互相协调、自主发展的管理机制，使企业和高校实现机制上的依存、资源上的互补、利益上的双赢，确保人才规格与发展需求、办学规模与资源配置最大限度的适应性，并依据科学的方法对校企协同建立反馈机制，及时掌握协同办学过程中发现的问题，及时引导校企双方的协同方向，保证校企协同平稳健康地运行。

五、改变校企双方传统的观念与文化

（一）转变校企双方的传统观念

目前，我国高校现行的校企协同多数呈现高校积极，但企业比较"冷"的态势。追究其根本原因就是观念上的差异造成的。毋庸置疑，企业永远是以生存、追求利益最大化为第一目标的。多数的企业对校企协同的重要性认识不足，或者说存在误区。企业传统的观念认为人才培养是高校的责任，与企业关系不大，并且参与校企协同会增加企业的负担，阻碍企业追求利润。这一传统观念严重地影响了企业参与校企协同的动力。而高校是以人才培养为最根本目标。部分高校的传统观念认为人才培养是通过课堂教学来完成的。由于传统观念的不同，造成校企双方的协同失去动力。尽管有些企业已与一些高校进行校企协同，但也不难看出企业表现出来的被动和勉强的姿态。

通过对校企双方的功能和作用进行比较和分析得出：高校培养的人才最终是走向社会，为企业所用的。而企业创造的利润最终也会流向社会，在社会中进行体现，由此找到了校企双方观念上的交集——服务于社会，共同为社会培养优秀的人才。企业应该认识到人才培养是企业应该承担的责任和义务，不能单靠学校来完成。企业有责任把产业部门对人才的要求直接反映到人才培养的过程中去，从而获得企业满意的人才。另外，企业参与校企协同更多的是可以获得科技服务等利益。高校也应该意识到培养符合社会需要的人才需要企业的协助。高校作为人才培养的主体，应当协助企业完成技术攻关、新产品的研发等工作。高等学校具有研发的基本条件，无论是研发设施还是研发人员均比企业优越，而且高等学校向来有进行科研的职能，也有相当数量科研成果的积累和储备。高校可以通过企业转化自身的科研成果而获得收益。高校还可以通过与企业的协同节约各种仪器设备的费用，从而降低人才的培养成本，而且还可以给学生提供一个完全真实的技能实践和训练的环境和场所，这一点是任何模拟训练都难以代替的。

因此，企业和高等院校双方应转变其传统的观念，认识到人才培养是双方共同的责任。

（二）融合校企文化

从大学的发展历史来看，任何一所优秀的大学取得成功，培养出优秀的人才的关键就是一所大学的凝聚力、教育力、创造力和影响力的基础性支撑和实力的集中体现，也体现着大学的核心竞争力。每一所大学在其办学的过程中都重视其大学文化的建设，形成了深厚的文化积淀。大学文化是指大学在其长期的发展过程中积淀形成的并被全体成员普遍认同、内化、奉行的精神要义以及其通过制度性构架在大学主体人的行为和其他有形的实体物和无形物的载体上予以体现展示出来的意识形态之一，具有一定的实践性和认同性，属于社会文化范畴。

企业文化与大学文化同属于社会文化的范畴之内，但是与大学文化相比较，又有着自己的独特内涵。作为企业，更多地强调企业的利益和发展，企业文化也是围绕企业的这一目标进行规划和建设的。企业领导者把文化的改变人的功能应用于企业，以解决现代企业管理中的问题，就有了企业文化。企业文化是指企业在社会主义市场经济的实践中，逐步形成的为全体员工所认同、遵守、带有本企业特色的价值观念，是经营准则、经营作风、企业精神、道德规范、发展目标的总和。企业文化是一种意识形态，是企业发展过程中形成的文化观念、历史传统、共同价值观念、道德规范、行为准则等。企业管理理论和企业文化管理理论都追求效益。但前者为追求效益而把人当作客体，后者为追求效益把文化概念自觉应用于企业，把具有丰富创造性的人作为管理理论的中心。

企业文化的很多内容都可以从校园文化所拥有的文化成分中表现出来，它们具有很多的相似点。校园文化也在不同程度上受企业、行业发展的影响，这一点在应用性较强的专业和学科中表现得尤为突出。在现代社会里，今天的企业员工是昨天在校园里学习的莘莘学子，而现代社会又是一个重视终身教育的时代，即使在企业工作的员工也需要不断地学习和进步。在此情况之下，大学文化与企业文化的有效融合和衔接可以使学生在真实的企业实践情境中感悟优秀的企业文化，切身体会到企业文化的要求和大学文化要求的合理性、科学性，提高大学文化要求的可接受性以及内化的程度，加快大学主体尤其是学生的社会角色转化，促进大学生社会心理成熟，及早了解和把握企业和社会在文化层面上的要求，培养作为未来职业人的综合职业素养和能力。

六、校企协同人才培养的评价标准

校企协同创新创业人才培养规格是将其特征转化为培养目标的具体化和规范化，一般将人才培养的评价指标划分为知识、能力、素质三种。应由高校和企业共同制定出一个具有科学依据的、符合人才发展规律的评价标准。人才培养的评价应由高校和企业共同来完成，评价主体是学生。

（一）知识方面的评价标准

第一，基础知识方面，应具有从事本专业所需要的相关的自然科学知识和一定的经济类、管理类知识。第二，专业知识方面。首先，要具有扎实的本专业的基本理论知识和工程基础知识。其次，对本专业的发展现状和趋势有一定的了解。最后，要掌握一定的本专业领域技术标准和相关的政策、法律、法规等。

（二）能力方面的评价标准

能力方面主要考查学生的学习能力、创新能力、分析与解决问题的能力和实践能力。其中学习能力主要指获取知识的能力和对新知识的分析与运用能力。创新能力主要指具有较强的创新意识和一定的进行新产品的开发与设计能力。分析与解决问题的能力主要指具有综合运用所学科学理论、分析与解决问题的方法和技术手段；解决实际问题的能力。实践能力指能够把相应的基础知识和具体的专业知识综合地应用到实践中；能在复杂的实践中对遇到的问题进行系统的表达。

（三）素质方面的评价标准

基本素质方面主要包括热爱所从事的专业；具有良好的职业道德；追求卓越的态度；艰苦奋斗精神；较强的社会责任感；具有一定的人文素养；学会沟通；认识到团队合作的重要性。此外应拥有良好的质量、安全、职业健康和服务意识。

本节首先分析了校企协同创新创业人才培养的目标；其次提出了校企协同创新创业人才培养的具体实施方案，包括：校企协同创新创业人才培养的课程体系设计、实践方案设计和建立校企双方有效协同的机制；再次提出了校企协同需要转变校企观念和融合校企文化；最后确定了校企协同创新创业人才培养的评价标准。

第二节 校企协同创新创业人才培养体系运行的保障

一、完善校企协同创新创业人才培养的体制机制保障

（一）校企协同的政策保障

国家应出台有利于促进校企协同方面的支持与扶持政策。对于在校企协同中表现优秀

的企业给予奖励和政策支持，例如税收、资金、财务、人员等方面的优惠，切实保护企业的利益。对于未履行校企协同义务的企业给予一定的惩罚。例如，政府应尽快制定出企业参与校企合作的税收减免政策的具体实施办法等，并在对教育捐赠实施免税的基础上更进一步允许把企业教育捐赠款的一部分用于抵扣企业所得税，以提高企业向高校捐赠的积极性。政府和行业可以共同制定企业参与校企协同的实施细则，明确企业应承担的具体义务和责任，确定相关的奖励措施，并加大政策的执行力度，还可以在行业内部制定相关政策和措施支持企业参与校企协同，如评价审核参与校企协同的企业资质，并规定获得资质的企业在实训基地建设、企业教育培训资金、参与教育有关活动等方面可得到优先支持。对于开展校企协同教育效果显著的高校，给予相应的表彰和大力支持。

以上政策的执行都必须配合监督管理，采取有效的措施和方法对校企协同政策执行程度进行检查，确保校企合作政策的实施能够达到预期的效果，对加强和改善校企协同的宏观调控、促进校企协同的健康发展具有十分重要的意义。校企协同过程中涉及的政策范围较广，既有宏观政策，也有具体政策；既有针对学校的政策，也有针对政府和企业的政策；既有行政政策，也有经济政策等。国家应统筹考虑，依据校企合作的特点完善有关政策，采取必要的措施对校企合作的开展进行支持和规范，将校企合作所涉及的各个方面、各项内容有机地协调起来，形成一个协调一致、高效互动、互利共赢的政策保障体系。

（二）校企协同的法律保障

我国政府应制定专门的校企协同教育法规，对校企协同各方的权利和义务进行明确规定，进一步明确校企协同中学校、企业双方的权利、义务和相互关系，以维护校企协同各方的合法权益。在这一法律框架下，各级政府应该根据当地实际情况健全校企合作的管理机构、制度体系和运行机制，加强对校企协同的指导和协调。

校企协同相关法律的确定应充分考虑到高等院校的基础作用，实现高等院校人才培养与企业需求的无缝衔接。对于高校参与校企协同的项目给予一定的经济补助和优惠政策，建立鼓励教师参与企业实践制度，并对在企业实践中有突出贡献的教师进行嘉奖。高校应根据社会的发展方向和市场的需求，主动与企业在学生实习、专业设置与课程开发、就业和职工培训等方面开展合作。高校应建立"双师型"教师培养机制，定期委派专业教师到企业实践并制定学生和教师到企业实习、实践的可行性计划。对于在实习时间中产生的合理费用学校给予全部承担。因校企协同需要所购买的图书、设备等应纳入学校财产并由学校统一管理。高校有责任对参与协同的企业职工进行能力范围内的职业技能培训和继续教育。高校组织安排学生实习应严格遵守国家有关法律法规，为学生实习提供必要的实习条件和安全健康的实习劳动环境，学校应当加强对实习学生和实践教师的职业道德教育和安全教育，为实习学生统一办理意外伤害保险。在企业实践的教师应全程给予监督指导。

我国政府应明确规定企业参与校企协同，接纳高校学生实习、教师实践的责任和义务。尽快对现行的相关法律、法规进行完善，为校企协同的运行营造外部条件。规范企业行为，并努力促使企业参与校企协同的行为逐步成为企业的自觉行为。应充分发挥企业在校企协同中的作用，从企业需求出发，在保障企业应有权益基础上对企业与高校开展校企协同的内容和形式进行规定。对积极配合校企协同的企业给予税收优惠和经济补偿。企业有获得协同院校各方面详细信息的权力。学生实习、教师实践不得干扰企业正常的生产秩序，并要求学生及教师应尽量避免不必要的资源浪费，为企业节约成本。另外，保障学生实习期的安全是企业和学校共同的责任。对于学生在企业实习期间为企业营造的利润，企业应给予一定比例的报酬。企业不得以任何理由对前来实习实践的师生不管不顾。

（三）校企协同的经费保障

随着经济和社会的逐步发展，政府、企业及高校设立校企协同教育专项资金凸显出促进校企协同的重要作用。我国各级政府可以逐步从财政支出中设立校企合作的专项资金，为校企合作的顺利达成和正常运行提供基本保障。此外，政府还可以通过捐赠、资助、奖励、基金等形式广泛吸纳社会资本，降低校企协同各方的成本，以鼓励企业与高校开展协同教育。各级政府还应对校企协同专项资金的使用进行严格的监督和管理。在政府财政投入有限的情况下，高校也应通过设立校企协同专项资金，支持校企协同活动的开展。高校可与地方政府开展合作项目，设立校企协同教育基金，对高校参与校企协同的教师和学生提供费用上的支持；高校还可以通过吸收社会力量，争取各类私人和团体捐助，如成立各地校友基金会、企业家基金会等；可以转换田家炳、邵逸夫等社会力量的捐助方式，将其捐助投入到校企协同教育中。企业提供经费是校企合作发展的重要保障。我国政府应鼓励企业设立校企合作专项资金，以支持校企合作的开展。企业可以通过为协同办学的高校提供教育奖学金、助学金，为实习的学生和实践的教师提供适当的劳动报酬等方式提供支持。

（四）校企协同的体制保障

通过借鉴国外校企协同成功的经验得出结论，要全面深入开展校企协同教育，首先从政府层面建立校企协同教育决策委员会，主要由省、市的教育、财政、科技、劳动、高校、企业和第三方服务管理机构的相关领导组成。该委员会主要责任是研究形势，确定规划和目标，协调各方资源和利益，制定和落实政策、舆论导向，检查和推进协同教育工程的进展，属决策性机构。

其次在高校和企业层面建立校企协同委员会是十分必要的。该委员会主要由各院系分管领导和企业校企协同的专门负责人组成。主要负责高校与社会、高校与企业的沟通与联系，促进校企协同的深入开展。有利于节约人、财、物、信息和时间等成本；有利于及时了解掌握校企双方的需求；有利于社会资源的有效利用，从而实现校企协同各方面利益的最大化。该委员会属执行性机构，依法要求校企双方承担社会责任，积极组织学生实习和教师实践培训，为实习学生和教师培训提供实训场地、设备设施，安排指导人员、安全培训等。校企协同委员会充分将高校的人才、信息以及科研优势和企业的设备等资源协调整合，使双方共同进行技术攻关、新产品开发、人才培养等工作。

二、明确校企协同中各参与者的作用

（一）政府的主导地位

校企协同教育的根本是为国家培养高素质的人才，是为了推进社会进步的公益性事业。所以要想使校企协同人才培养健康、顺利进行，使校企协同人才培养得到稳固，政府就应该扮演好相应的角色，确立其绝对的主导地位。由于政府有着其绝对的组织优势、资源调控优势、公共管理优势，所以建立政府主导的校企协同管理体系，统筹高校与企业的资源责无旁贷。政府通过统筹规划各地校企协同培养模式，保证其制定培养目标、确定培养方向、协调校企利益等的准确无误及有序地开展，从而保障校企协同工作的顺利进行，确保了学生的培养质量。政府应成为高等学校和企业之间协同办学的管理者、规范者和评价者，主要对校企协同的过程进行管理并规范其流程、评价。鼓励企业参与到人才培养中并建立有效的校企协同评价体系。政府的督导不仅可以使校企之间的协同工作顺利进行、完成其协同工作的内容并实现双方的预期目标，还可以督促那些不积极参与校企协同的高校和企业承担其相应的责任，履行相应的义务。除此之外，政府应建立一套相对完整的校企协同评估、激励办法，制定科学有效的评价指标和符合标准的评价程序，实现对校企双方进行全方位的监督、管理以及评估工作。

（二）行业的指导功能

行业组织有权力要求所有企业必须在本区域内的行业组织登记，参加相应的行业组织。行业组织是本行业职业资格标准的制定者和认证者。行业组织还应该协助政府收集最新的相关岗位的就业信息，调查劳动力的现实状态、适任地区，从而对高校的专业设置和学生的职业选择提供一个明确的方向。基于其构成特性，行业组织应该密切关注产业结构和岗位需求的变化，并根据相应的变化及时调整教育政策，促进政府、企业和高校之间的协同关系，减少资源浪费，提高教育质量。行业组织既可以协调政府实施各项政策法规，又可以将高校、企业方面的信息反馈给政府，既可以向高校提供指导服务，协调高校和企业在教学安排上的矛盾，又可以对他们进行监督评估。

行业组织作为各个企业的指导者，有动员所属企业参与校企协同教育的功能。对于那些没有足够能力承担人才培养任务的中小型企业，行业组织也可以有针对性地给予一定的帮助和指导，通过彼此之间的联合以及依靠大型企业的帮助，参与到校企协同中来，保证了行业的良好发展。行业组织有责任运用自身的地位优势，发挥其指导作用，协助政府办好校企协同教育。

行业组织在本行业中有着举足轻重的作用，受行业内所有从业人员的认可，代表了该行业的共同利益，由此自然而然地就对本行业的归属企业产生了一种自然的约束力。因此，行业组织可以规范本行业的相关企业统一按照相关的章程开展校企协同。行业组织在本行业内起到了政府行政层面上起不到的作用，是政府行政支持的强有力的补充。行业组织负责指导企业内部校企协同教育的许可、咨询、考试及监督，包括：审查及确认培训企业的资格；缩短与延长培训时间；制定结业考试条例，组织与实施期中考试、结业考试。我国国家级各专业的教学指导委员会均有行业组织参与，行业组织可以作为高等教育各专业的行业代表，在专业布局、课程体系、评价标准、教材建设、实习实训、师资队伍等人才培养的多个方面，发挥重要的指导作用。行业组织通过指导加强专业建设、规范专业设置管理、更新课程内容、调整课程结构、探索教材创新，遵循教育规律和人才成长规律，推进高等学校的教育教学改革工作，构建适应经济发展方式转变和产业结构调整要求、体现现代化教育理念、校企协调发展的高等教育课程体系，促进学生全面发展，培养符合社会经济发展所需的合格人才。

（三）企业的参与地位

在校企协同教育过程中企业的利益主要体现在两个方面。首先是企业通过参与人才培养过程把产业部门对人才的要求直接反映到教学培养计划中，从而获得企业急需的人才。人才是校企协同教育的动力和核心，企业参与是以获得企业满意的人才为出发点。其次是企业参与到校企协同中，希望在新产品的开发、技术改造、员工培训以及科技咨询等方面得到高校的支持。

高等教育的人才培养，不仅仅是通过课堂教学就能完成的，也不是单单靠实验室就能造就出来的。尽管各级政府为改善学生实习、实训环境，解决大学生实习、实训困难的问题，加大了投入的力度，高等院校均建立了各类校内实习、实训基地，这些基地在人才培养过程中发挥了重要的作用。但是，很多校内基地面临着后续设备更新与改造的困难，所需经费学校难以承担。而纯消耗性实习、实训存在的问题很多，除了经费之外，学生仍缺乏实战环境的锻炼。从实验设备而言，如果通过企业参与校企协同的教育模式，可以大大节约各种仪器设备的费用，从而降低人才培养的成本。更重要的是企业参与会给人才培养提供完全真实的技能实践和训练的环境场所。

现代化、规范化的企业不仅要能创造利润、对股东承担法律责任，而且要对员工、消费者和环境负起相应的责任，这种责任就要求企业必须超越把利润作为唯一目标的传统理念。企业的文化也要与时俱进，要符合现代经济的发展规律，紧紧把握现代社会发展脉搏，强调在生产过程中以人为本的原则，以及每个员工对社会发展的奉献精神。参与校企协同恰恰是企业履行社会责任，体现社会价值的重要途径。

（四）高校的主体地位

培养社会需要的合格的高校毕业生是高等学校服务于社会的重要职责。在人才培养过程中，高等学校处于主体地位，是校企协同教育的积极倡导者和实践者。应设立以高校为主体的董事会制度和校企协同委员会制度。董事会可以吸收企业第一线的资深专家、社会知名人士、商业界代表等以董事的身份参与到校企协同中来。以加强高校、企业、社会三方的沟通与交流。董事会可以通过定期召开董事会议和不定期召开常务会议，以听取参与校企协同相关单位和部门的工作报告，并提出建设性的意见。对于高校而言，为了适应现代社会知识经济的飞速发展，为实现高校的人才培养目标，开展校企协同教育是培养适应社会发展的人才的必经之路。

高校在校企协同过程中应发挥积极主动的作用。但是，由于人才培养规格不同、在创新型国家战略体系中所处的位置不同、实现职能的侧重点不同，因此研究型大学、应用型高校与高校在开展校企协同时也应采用不同的方式。研究型大学为了将科研成果服务于社会，多开展以科研为主要目的的校企协同人才培养；应用型高校应以培养应用型人才为主要目的，多开展以培养学生实践能力为主要目的的校企协同人才培养；高校应以深厚的高等教育为背景，多开展技能培训，以培养学生的动手能力以及创业能力为主要目的的校企协同人才培养。

第七章

高校创新创业教育的创新发展

第一节　大学生创新创业素质培养的教育供给侧结构性改革

一、教育供给侧结构性改革的提出

"教育供给侧结构性改革"的核心是扩大优质教育资源供给，优化教育资源配置，为受教育者提供更多、更好的教育选择，为其未来发展奠定最宽厚的基础，创造最丰富的可能性。围绕当前人才培养供需之间的结构性矛盾，推动高校教育的供给侧结构性改革是主要的举动。教育供给侧结构性改革正因互联网的发展而发生深刻变化，高校也将面临前所未有的战略机遇和挑战。教育领域被以互联网为代表的信息技术跨界渗透，呈现的系统性、规模化、数字化、个性化等都是教育变革应具有的特征。随着教育供给侧结构性改革发生前所未有的结构性变化，教育的效率随之提高，教育的质量也随之提升。教育其实就是人才的供给和教育资源的供给，加强教育的供给侧结构性改革才能够满足不同的教育需求。

（一）高校视角下的"供给侧"结构性改革

1. 高校"需求侧"改革存在的问题

目前，教育结构失衡、两极分化严重、资源分配不均衡、专业设置雷同性大等问题正困扰我国各个高等院校，这将导致高校无法适应社会现实需求的发展。同时，传统"需求侧"改革促使高校片面追求规模和学科门类的大而全，但师资力量、教育教学设施等严重不足，影响人才培养质量，体现出大学生培养质量与市场需求脱节。另外，高校创新能力不足，能潜心从事教学科研工作的教师较少，处于低水平研究状态，很多教育工作者自己没有创业经历，无法高效地介入市场。

2. 高校"供给侧"改革的要求

当前，虽然一些高校办学标准严重超标，但相关教育部门仍然不断加大资金、师资和教学设施设备的供给，投入得不到有效监督，投入效果没有相应的评估机制。因此，应改革高校"供给侧"的一些突出问题，促进教育公平发展，提高教育质量。在新的历史条件下，"供给侧"改革需要从规模、数量上转向注重教育质量、效益和创新能力的提升。首先，优化教育结构，从专业设置入手，优化高校内部结构；从宏观上合理布局高校资源，使高校人才培养符合市场和地方经济发展需求。其次，注重内涵式发展，提高教育质量，改进教育教学方法，改革重心从传统模式转向人才培养模式，把人才培养质量作为教学的主要目标，改变对教师的单一评价制度，实现教学与科研并重，注重培养学生的动手实践能力和创新能力。再次，注重对高校办学效益的评价，建立相应的评价体系，把有限的资源运用到效益较高的学校，引入市场资源，扩大办学资源的渠道，提高资源的利用效益。最后，走创新发展的道路。习近平总书记提出"创新、协调、绿色、开放、共享"的发展理念，其中，创新处于首要地位，创新是"供给侧"改革的必由之路。高校作为创新的主要阵地，应主动承担创新使命，加强机制体制创新，建立创新、创业文化，引导大学生树立创新思维，实现高校整体变革。

（二）大学生自主创业视角下困境分析

1. 大学生自主创业困境分析

第一，大学生创业缺乏资金和相应的社会资本，并且大学生的抗风险能力差。一方面，很难获得银行信贷支持；另一方面，对风险投资缺乏足够的责任心。第二，大学生创业知识和经验都不足，学校很少专门开设创业课程或创业培训讲座，大部分大学生创业没有任何创业知识和经历，所以他们在创业时通常选择风险较小的传统行业起步。第三，大学生没有创业市场及社会方面的经验。在不了解市场的情况下盲目投资，缺少必要的发展计划和操作经验，不了解消费者需求，会导致产品不能适销对路，一旦受到挫折，他们常常十分茫然，没有应对挫折的能力。第四，现有的创业环境还有待进一步完善。目前，虽然国家鼓励大学生创业的政策相继出台，但从总体来看，大学生创业还受到很多条件和观念的阻碍，与发达国家的成熟创业环境相比，我国创业环境在资金、政策、创业教育和培训等方面都有待完善。

2. 大学生就业困境分析

在目前就业人群中，除了应届大学生，还有往届未找到工作的，以及"供给侧"改革背景下的结构性改革所带来的企业下岗人员，诸多原因导致就业形势严峻。与此同时，许多企业却招不到合适的员工，专门技能型人才的岗位空缺，招工难与就业难并存，究其原因是人才质量的培养形式与社会需求不匹配。当前，高校专业及课程设置雷同，缺乏特色专业，不能按照社会需求变化调整专业设置，与企事业单位的需求脱节，不能将行业发展的最新东西传递给大学生，让大学生按照未来就业岗位要求完善自我，提高就业竞争力。另外，很多高校就业机构设置也没有完全适应社会经济发展需求，对大学生的职业生涯规划、职业素质训练还比较薄弱。除此之外，大学生就业观念也存在问题，许多大学生在大学期间没有忧患意识，不能及时了解相关行业的就业动向，导致其人际交往、沟通表达、动手及组织管理等就业能力都很差。

二、"高等教育供给侧改革"核心与内涵

从经济学的角度来看"供给侧改革"就是指从供给、生产端入手，通过解放生产力，提升竞争力，促进经济发展。其核心在于提高全要素生产率，政策手段包括简政放权、金融改革、国企改革、提高创新能力等。其核心方法是提高生产函数中的全要素生产率，具体手段包括制度改革、调整资源配置结构及提高劳动者素质等。经济改革必然引领高等教育的改革，教育部部长袁贵仁也指出"未来中国的发展，离不开高等教育提供的人才和智力支撑，离不开根植于高等教育的知识创新和技术应用"。高等教育的改革应从高等教育供给的一侧进行结构性改革，"高等教育供给侧改革"一词随中国经济的供给侧改革应运而生，"高等教育供给侧改革"在"十三五"时期，甚至更长的时间内将处在一个突出位置上，将为中国经济未来的行稳致远、劳动力素质的提高发挥重要作用。因此，有必要了解"高等教育供给侧改革"的核心和内涵，做到有的放矢，富有成效。高等教育质量是高等教育发展的生命线，"高等教育供给侧改革"的核心任务是全面提高高等教育质量和效率，其内涵包括教育要面向现代化、面向世界、面向未来，实施高等教育的"优化组合"，提高人才培养质量，推进素质教育和创新创业教育，提升科学研究水平，增强社会服务能力，优化结构，办出特色，将高等教育纳入经济社会发展和产业发展规划，促使高等教育规模、专业设置与经济社会发展需求相适应。改进管理模式，引入竞争机制，促进教育公平，实行绩效评估，进行动态管理，转变教育发展理念，创新人才培养模式，深化教育体制改革，确保质量保障评估和现代教育制度建设等成为改革的重点。

三、创新型人才培养的供给侧改革

2015 年 5 月 4 日，国务院办公厅发布《关于深化高等学校创新创业教育改革的实施意见》（以下简称《意见》），《意见》指出，深化高等学校创新创业教育改革是国家实施创新驱动发展战略、促进经济提质增效升级的迫切需要，是推进高等教育综合改革、促进高校毕业生更高质量创业就业的更高举措。人才作为高等教育供给侧中的重要因素在新时期应具备更高的创新水平，实现"供给侧"改革与创新创业的对接要做到以下几点。

第一，根据经济社会发展需要，对某些学科专业数量进行控制，根据需要增设新专业，发展交叉学科，坚持学科专业有侧重性发展。设立有特色、有内涵的专业学科。对学校现有的学科专业布好局，做好顶层设计，集中建设与学校办学定位和办学特色相匹配的学科专业群，重点建设一批优势、特色、品牌专业，将学科优势与专业建设紧密结合，使二者互相支撑，推动高等教育内涵式发展。世界上一流大学中没有哪一所大学能够覆盖所有的学科专业，要避免所谓"综合性""全科式"发展，避免高校学科专业上的盲目布点、重复设置、"多而散"的功利行为，建立学科专业设置的预警机制，把就业状况反馈到人才培养环节中来，科学合理设置学科专业，通过教育教学改革，确定专业教学的内容和人才培养的方式。

第二，坚持学生为教育主体，围绕学生特点创新教学模式。结合传统的知识结构与现代化信息技术教育方式，不断调整课堂教学方法，采用互动交流式与课堂辩论式等方法培养学生的批判性思维与创新性思维。充分利用现代信息技术，广泛借鉴国内外高校创新创业教育模式，如美国百森商学院的"强化意识"模式、斯坦福大学的"系统思考"模式与哈佛大学的"注重经验"模式。借探索供给侧改革的东风提升自身创新实力，将我国在创业创新教育的体系方面已有的经验做法推广出去。同时，在借鉴国外的教育模式的基础上结合自身情况形成提升创新能力的特色化道路。改变考核机制，完成从注重提高学生考试分数到提高学生解决问题能力的思想转变，着重考察和考核学生发现问题、提出问题、分析问题和解决问题的能力。

第三，促进教学与科研同步发展。深入思考和把握研究型大学的建设逻辑，深刻领会研究型大学"在创造知识的过程中培养创造性人才"的辩证关系，有效控制"科研漂移"现象。开展教育思想大讨论，进一步巩固本科教学的基础地位和人才培养的中心地位，努力营造教学文化氛围。加大投入，不断改善教学条件，进一步加强课程群与教学组织建设，着力增强学生的实践能力。李克强总理在《政府工作报告》中提出，要培育"工匠精神"。"工匠精神"也是增强学生创新实践能力不可或缺的重要品质，通过教育和引导，使学生养成精益求精、追求卓越的行为自觉。注重增强学生实践能力，践行知行合一，提高其解决实际问题的能力。

高校要多为学生提供动手机会，与企业、科研院所和政府部门等密切合作，形成社会协同育人的格局。第一，改变高校的课程体系与人才培养策略，将专业教育与创新创业教育结合起来进行教学。高校的课程教育不能只局限于基础理论知识的传授，更要将培养学生创新意识放在重要的位置上。课程体系设置要在夯实专业知识的基础上，将理论与实践相结合，注重创新意识与能力的培养。第二，充分利用社会公共平台，激活高校创新创业动力。在各大高校内部设置创业基地、大学生创业实践园等创业交流平台，开设创业辅导课程，营造大学生创新创业的学习实践氛围。第三，积极开展高校间创新创业交流合作。2015 年 6 月 11 日，清华大学发起并联合 137 所高校和 50 余家企事业单位及社会团体组成中国高校创新创业联盟，旨在整合社会资源，激发高校创新创业动力，让企业与高校实现对接，完善企业为主体的产业技术创新机制，同时带动高校综合创新能力的提升。

综上所述，将创新创业与"供给侧"改革实现对接能够排除"供给侧"改革过程中长期积累下的结构性障碍，高校从培养创新型人才、加强科研成果转化能力等方面着手推动创业创新进而打造经济发展引擎，促进经济在转型中平稳发展。以立德树人为根本、以中国特色为统领，以支撑创新驱动发展战略、服务经济社会为导向，提升综合实力，引领教育现代化，为国家发展、人民幸福、人类文明进步做出新的更大贡献。

第二节　"互联网+"形势下的创新创业素质教育

近年来，大学生整体数量呈明显上涨的趋势，这与有限的社会人才需求量之间形成了矛盾，导致很多的高校毕业生在毕业后难以找到合适的工作岗位。在高校毕业生就业辅导教育体系中开设专门的创业教育课程，教授学生与创业相关的技能，使学生在毕业后能够开展自主就业，成了解决社会人才供需矛盾的不二之选。同时，近年来互联网发展十分迅猛，网上购物、订餐、共享单车等一系列服务行业逐渐盛行并发展起来。以淘宝、微商等为代表的电子商务创业平台，凭借自身低门槛、易宣传、范围广等特点受到了许多创业者的青睐，为广大的创业者提供了一个很好的创业平台。如今，随着网络经济的迅速发展，网络创业由于其对社会经验及资金需求低等特点，已逐渐成为大学生在就业选择当中一条较为重要的途径，现已成为大学生创业的首选。高校创业教育要想取得良好的效果，就必须紧跟社会时代发展的脚步，将互联网创业引入教学中来，利用"互联网+"的优势作用，使高校创业教育取得创新式发展，为学生谋得更好的发展方向，使其具有更好的就业前景。

所谓的"互联网+"即为两化融合的升级版，将互联网作为当前信息化发展的核心特征提取出来，并与工业、商业、金融业等服务业全面融合。其中的关键就是创新，只有创新才能让这个"+"有价值、有意义。正因如此，"互联网+"被认为是创新2.0下的互联网发展新形态、新业态，是知识社会创新2.0推动下的经济社会发展新形态演进。通俗地说，"互联网+"就是互联网+各个传统行业，但这并不是简单的两者相加，而是利用信息通信技术以及互联网平台，让互联网与传统行业进行深度融合，创造新的发展生态。

如今我们正处于"互联网+"的时代，在"互联网+"创新创业的时代大潮中，如何对高校学生进行创新创业培养，如何让学生获得更多的实践能力，已成为高校教育改革发展的重心，各高校更应该关注"互联网+"对高校创新创业教育所产生的影响，才能更好地改革高校的创新创业教育，才能培养出优秀的人才。

一、"互联网+"形式对创新创业教育的影响

（一）使高校对"互联网+"时代下的创新创业教育更重视

2017年应届大学毕业生高达795万，各高校就业创业任务将会更加艰巨。教育部明确指出"高校毕业生就业创业工作是教育领域重要的民生工程，要求强化就业创业服务体系建设，提升大学生就业创业比例"。大学生自身接受新事物快，利用互联网创业资金门槛低，自由时间支配度高，不受时间地点限制，运用电商等专业知识，利用互联网进行创业具有绝对优势。"互联网+"创新创业的诸多案例如雨后春笋般不断出现，这些成功更应引起高校的重视。

我国融合"互联网+"之后的创新创业教育正处于起步阶段，在高校教育领域中只有少部分院校重视创新创业教学，大多数集中在如何培养技能型人才和学术型人才，创业意识薄弱。目前，部分高校受国家政策影响，为适应市场经济的发展，已经开始转变其教育办学理念，更加注重创新创业教育，认为创新创业教育不应停留在表面，而应从教学计划、教学方案、人才培养、教学评估等方面进行改革，从而为学生的创业提供很好的知识技能基础。

（二）打破了对创新创业教育的认识误区

我国的创新创业教育起步晚，很多大学生对"互联网+"创新创业认知不足，存在认识上的误区，很多学生错误地认为"互联网+"创新创业就是开淘宝店、做微商、产品代购、电子商务等。同时，高校主要培养学生利用和使用互联网来营销、运营的能力。随着创新创业已成为国家热议话题，创新创业越来越引起大家的重视和关注，因此，"互联网+"创新创业教育要让高校和学生重新认识了解互联网创新创业究竟是干什么的：所谓的电子商务专业只是适合大学生创新创业的方式之一，高校应把创新创业教育作为一种生存技能进行培养和训练，让学生将专业知识与互联网运用能力融合起来，同时，着重培养学生的创新意识、创业能力。

（三）使创新创业教育与"互联网+"更加融合

在创新创业教育过程中，"创新创业精神+专业技能理论+实践经验"缺一不可。目前，"互联网+"对国家经济及教育的影响巨大。首先，部分高校已开始打造电商校园创业大赛，使学生可以置身创业的实战场景，从而提升创新意识，激发创业动力，为创业成功奠定基础。其次，部分高校还成立了电商创业协会，将创新创业教育与学生社团活动结合。最后，有的学校还实行校企联合办学，共同促进"互联网+"时代下的创新创业教育发展。

（四）对教师师资队伍提出了更高要求

在"互联网+"的时代背景下，对当代大学生的创新创业教育的要求会越来越高。那么，对于教师队伍的要求也会相应提高，教师不仅要跟上时代潮流，多接受新鲜事物，还应提高自身的素养、专业知识和创新创业意识等。这也就要求老师要和学生一起学习新知识，共同推动"互联网+"形式下的创新创业教育发展。

二、"互联网+"创新创业教育的价值特征

"互联网+"无形中逐渐渗透到我们的生活中，在我们的生活中每时每刻都可以看到它的身影。它不仅影响和改变了我们的生活与生产方式，而且还产生了大量新的市场需求。这些不仅为我们的创新创业活动提供了巨大的动力，也引发了新一轮的创业高潮，对创新创业教育而言，它为创新创业教育的改革提供了很大空间。在"互联网+"时代，创

新创业教育的价值特征可解释为："互联网+"创新创业教育的价值目标应该顺应"创新、协调、绿色、开放、共享"的发展理念，让大学生们在课堂知识基础上实现全面自由的发展，成为具有创新精神和竞争能力的创业者。

（一）夯实专业能力是"互联网+"创新创业教育的基础

专业能力是劳动者从事所在职业或岗位工作所必需的能力，是个体赖以生存的核心本领。在"互联网+"时代的创新创业教育中，要更加注重对学生的智能软硬件、互联网应用、大数据处理等技术手段和工具的培养与实践，增加学生的专业知识，使其能满足学生自身未来的职业发展和社会的需要。同时，这还能提高学生应对专业上的困难的能力，缓解自身的部分社会压力，使学生能够真正有效地激发自己或团队的发展潜力以及提高运用个人或集体智慧破解各种发展"瓶颈"的能力。也就是说，要让学生在创新创业教育中真正夯实专业能力，并将专业能力运用到专业实践、资源获取、跨界融合、创业行动中去，从而在实践中得到更好的锻炼。

（二）具有工匠精神是"互联网+"创新创业教育的核心

为适应经济新常态下我国经济社会发展与产业转型升级带来的新人才观，"工匠精神"被重新提出。"工匠精神"指的是工人对生产、制造、加工的产品精雕细琢、精益求精，追求更完美的工作理念。工匠精神以"打造本行业最优质的、其他同行无法匹敌的卓越产品"为目标。当前，在"互联网+"时代，无论是德国版的"工业4.0"还是中国版的"中国制造2025"，都趋向智能化制造、服务型制造、柔性化生产、个性化定制、参与式创新等，深刻反映了这个时代的特征，激发出整个社会的创新、创业激情，促进了传统的生产方式向互联网生产方式的转型。因此，"工匠精神"在更大程度上代表着新的生产理念、创新创业理念、社会共识与社会心理表达。因此，在"互联网+"创新创业教育中，必须注重让学生动手参与创新、创造，树立起对职业敬畏、对工作执着、对产品负责的态度，只有将一丝不苟、精益求精的"工匠精神"融入每一个环节，才能做出打动人心的产品，使"工匠精神"真正刻在学生的心上。

（三）增强开放协同是"互联网+"创新创业教育的关键

"互联网+"及其所推动的产业变革，将会为未来经济带来新的增长点，而且会直接或间接地推动就业、创业、创新方式的变革。这是因为：一方面，"互联网+"其实就是

"创新 2.0 时代"，以其用户创新、大众创新、开放创新、协同创新等特点促使经济发展模式朝着开放经济、共享经济、创新经济加速迈进，推动新业态、新模式、新技能不断涌现。另一方面，"互联网+"时代我国教育的改革发展方向必然会呈现这样一种价值取向，即通过"互联网+"驱动人才培养，使信息技术利用的"工具"成为教育与社会联通的"道路"，而且"开放化"与"协同化"也将成为教育发展的显著外部特征。这也意味着，"互联网+"时代的创新创业将是一种全新的开放式创新创业模式，增强开放协同意识和能力也就成为关键。为此，各类学校应主动适应科技创新、社会发展和产业升级的需要，更加注重开放协同，更加注重培养学生的能力，使其能够将不同人群、不同机构、不同资源整合到自己的创新创业过程中，从而形成协同效应。

（四）促进全面发展是"互联网+"创新创业教育的目标

各类院校的新使命是为社会培养创新创业者，虽然学术界和实务界对创新创业教育目的有不同认识，但是培养具有社会责任感、创业精神、实践能力的社会公民是创新创业教育的基本功能。"互联网+"时代创新创业教育的终极目标应为促进"全人发展"，充分激发潜能、培养完整个体。一方面，"互联网+"对创新创业教育所产生的影响，不仅是教育理念革新、教育形式重构、教育内容和学习方法的变革，更主要的是对具有"跨界、融合、开放、共享"思维的未来劳动者提出了明确要求，要求学生应具有包括良好的协作沟通、诚实守信、批判思维、竞争意识、风险承担、职业规划以及专业技能等在内的综合素质和能力。另一方面，"互联网+"为学习者提供了更大的个人发展舞台，也提供了自我实现的综合杠杆。因此，以"全人发展"作为"互联网+"时代创新创业教育的根本目标，既符合学生自身发展的需要，又体现了"互联网+"时代对人才的诉求，还顺应了未来社会发展的要求，直接凸显了创新创业教育的内在价值，与"互联网+"所蕴含的逻辑内涵具有内在的一致性。

三、"互联网+"时代下大学生创新创业教育新模式

（一）"立体式"的创新创业教育新模式

从我国创新教育工作的开展情况来看，"立体式"的创新创业教育新模式的主体主要指的是以下三个方面：一是年级，二是学生，三是高校。"立体式"的创新创业教育新模式需要从以下几个方面入手：一是从不同阶段的学生具有的专业特点、成长特点等入手；

二是从不同层次学生具有专业特点、成长特点等入手，以因材施教为目的，促进教育效果不断提高。

首先，根据年级特点来开设不同课程。一般同一个年级的学生具有的特点基本相似，思维模式、思想等也大部分相同。因此，在初级阶段设置一些非常基础的课程，如"职业生涯规划""创业基础"等，并有效开展各种课外创业活动，如"小发明""创意比赛"等，有利于增强低年级学生的自信心和热情。在中等年级设置一些激发学生能力的课程，为他们提供创新创业方面的指导，并让他们了解公共关系、社交活动等，如营销类、管理类的课程等，对于增强学生的创新思维能力、创新素质等有极大作用。在高年级开设一些实习、观摩的课程，如创业实习、就业指导等，可以大大提高他们的实践积极性，并在教师的辅助作用下增强自身的创业能力，对于全面提升他们的创新创业能力有着重要影响。

其次，根据学生的特点来实施个性化教育。不同的学生有自己的个性特点，因此，在"互联网+"时代下实施创新创业教育，可以利用学生的个性特点来增强他们的创新意识，并提升创业素质，从而在挖掘学生兴趣、爱好等的基础上，促进学生实践能力进一步提高。

最后，根据高校特点来开设课程。我国当前的高校主要分为以下三种：一是研究型，二是综合型，三是应用型。同时，有重点高校和普通高校、理科类型与文科类型两个类型的区分。因此，根据高校的特点来进行课程开设的考虑，选择最合适的教育方法，采用不同的创新创业教育模式，培养各方面能力较强的优秀人才。

（二）"三位一体式"的创新创业教育新模式

目前，"互联网+"时代下的创新创业教育新模式，对"三位一体式"比较看重，其主要由以下三个部分组成：一是理论基础，二是模拟实践，三是实践练习。采用这种新模式，不仅能让学生掌握扎实的基础知识，还能通过模拟公司开办流程、上班流程等方式，激发学生的创新创业热情，从而在学生参与各种社会实践和加强校企合作的基础上，真正为高校学生未来良好发展提供大力支持。

（三）"网络式"的创新创业教育新模式

在网络非常普遍的现代社会中，创新创业教育者已经对"网络式"的新模式有了新的认识，在一定程度上可以缓解部分创业压力。目前，"网络式"的创新创业教育新模式主要包括以下几种：一是网络购物类型，二是"威客"类型，三是网络写手类型，四是网络推手类型，等等。以网络购物类型为例，根据相关调查和研究发现，网络购物类型的创新创业教育新模式主要包括以下六种：一是自营网店，二是淘宝客服，三是网络模特，四是网购砍价人员，五是淘宝设计师，六是淘客。在不同学生根据自己的实际情况、爱好、兴趣等选择创新创业项目的情况下，他们可以大胆地实践，并且不需要考虑高成本带来的压力和负债等，如某些学生具有如某些学生具有 Photoshop（是由 Adobe Systems 开发和发行的图像处理软件）、Javascript（是一种属于网络的高级脚本语言）、PHP（计算机编程语言）和 DW（是集网页制作和管理网站于一身的所见即所得网页代码编辑器）等方面的专业知识，并有较强的想象能力、创新意识等，则可以应聘到淘宝做设计师，不但能发挥学生的专长，还能促进学生社会实践能力进一步提高。

（四）"在线课堂"的创新创业教育新模式

在"在线课堂"的教育模式下，上万人可以同时进行学习，并以学生自身的兴趣为主要教学内容，通过网络平台的方式听课，因在线课堂大部分都是在网上进行的，不会受时间、地点和空间等的限制，只要有网络就可以学习。同时，还可以回顾以前没听过的内容，十分便捷。

"互联网+"的实施，无疑将为我国传统产业的转型升级注入根本性的变革力量，促进产业的数字化、网络化、智能化，这正是我国实施"中国制造 2025"战略的核心所在。在我国深入推进经济结构转型，全力构建创新型国家的关键阶段，各高校只有坚定不移地贯彻党和政府对新时期大学生创新创业教育工作的要求，才能为中华民族伟大复兴的稳步推进输送更多的优秀人才。

第三节　生态系统角度下的创新创业教育

一、创业生态系统理论

（一）国家层面的创业生态系统

早在 20 世纪 90 年代，产业、政府和大学三者在知识经济时代就存在新的关系。产业作为进行生产的场所，承担最终产品问世的重任；政府作为契约关系的来源，应确保稳定的相互作用与交换；大学则作为新知识、新技能的来源，是知识经济的生产力要素。大学、产业和政府在保留自身原有作用和独特身份的同时，每一个又表现出另两个的一些能力。三者交叉、结合，角色互换多样，多边沟通灵活，由此形成持续的创新流。

在英国，人们十分注重"敢于失败"的文化和教育、政策监管的有效性。他们认为，创业具有不确定性和风险性，如果创业一开始没有成功，则需要再尝试一次，而英国风投公司往往也愿意帮助和投资一次又一次创业失败的人。对于创新者来说，失败是成功的必修课，创新者必须学会面对失败。因此，创业失败率高，就不鼓励创业是一种短视和错误的看法。

创新创业教育不仅仅是知识的转移，国家层面的创新创业生态系统必须重视技能和态度的重要性。在任何领域，成功的关键都是专注于在一次次失败中获得的经验和教训，而政府的作用就在于鼓励和帮助不敢面对创业失败的大学生寻找经验和教训，保护知识产权，从而在"政府—产业—大学"合作中发挥重要作用。

（二）区域层面的创业生态系统

当前欧盟各国创新创业教育主要有三种不同的发展路径：第一，国家制定专门的创业教育发展战略，从政策层面支持创业教育发展。第二，政府不制定专门的创业教育发展战略，通过将创业教育理念、内容、目的、手段等嵌入某一国家战略之中，如教育改革与发展战略、终身学习体系构建战略、经济发展战略等，体现了更加注重创业教育与社会经济发展战略的融合。第三，既不设定专门的创业教育发展战略，也不将创业教育融入其他发展战略，而是由政府相关的职能部门通过单独或合作的方式推动具体创业教育项目、计划，更加充分地调动全社会积极性，从微观层面自下而上地形成关注创业、参与创业的社会氛围，推动创业教育发展。

2013 年，欧盟通过《2020 创业行动计划》，提出了系统的创业教育行动战略，强调终身创业能力的培育，从欧盟与成员国层面制定基础教育与高等教育两阶段的创业教育规划，提出为不同人群制定创业教育服务，为欧盟成员国创业教育体系建设指明了方向。我国教育部出台的《面向 21 世纪教育振兴行动计划》，其指出要加强对教师和学生的创业教育，鼓励自主创办高新技术企业。1998 年，清华大学举办了"清华大学创业计划大赛"，开创了高校创新创业教育的先河。1999 年，教育部在《面向 21 世纪教育振兴行动计划》中明确指出要"加强对教师和学生的创业教育，鼓励他们自主创办高新技术企业"。2002 年，清华大学、中国人民大学等 9 所院校被确定为实施创新创业教育的试点院校，教育部提出给予政策及经费支持，标志着我国高校创业教育的正式启动。此后，从创新创业课程体系建设、师资队伍建设、实践基地建设等内容的角度对省级教育行政机构、部属高校和国家级大学科技园区提出纲领性的创新创业教育建设意见。2010 年，教育部颁布《关于大力推进高等学校创新创业教育和大学生自主创业工作的意见》，成为我国教育行政部门指导下高校创新创业教育进入全面推进阶段的标志。2014 年 12 月 10 日，教育部下发《关于做好 2015 年全国普通高等学校毕业生就业创业工作的通知》，要求全面推进创新创业教育和自主创业工作。创新创业教育在高校得到了不同程度的实施，逐步形成了具有特色的创业教育模式。

二、协同视角下创新创业教育生态系统的构建

（一）搭建创新创业教育的协同培养平台

创新人才全面协同培养平台的构建既涉及高校内部协同，也涉及强调政校企联动的高校外部协同。

1. 搭建校内教育平台

包括创新创业教育课程平台、校内创业实践活动平台、校内预创业平台、师资建设平台、跨学科协同育人平台等，通过理工结合、文理交融，实施"双学位、双专业、主辅修"制，夯实基础，拓宽口径，全方位、多渠道创建良好的协同育人环境，不断提高学生的社会适应能力。

2. 开展院校协同培养

通过与教育技术学科有影响的国内外高校进行校际合作，搭建院校创新创业协同培养平台，通过学生交换、师资建设、科研合作及教材开发等方式充分实现学术资源共享，实现联合办学模式。

3. 引企入校协同育人

利用企业和高校双方各自的优势，以"融汇资源，搭建平台，策划指导，扶助成长"为指导方针，致力于汇聚社会、行业、企业、学校的各方资源，通过企业对创业团队和创业项目的扶持和指导，开展预就业模式的点面协同育人，实现学生创业项目与市场的真实对接。

4. 校政合作协同育人

"卓越计划"的实施对"校政合作"的广度和深度提出了更高要求。按照"卓越计

划"模式的要求，在既定的体制框架内，"校政合作"要在目标机制、动力机制、运行机制、评价机制四个方面进行机制创新，从而发挥政府的指导作用。

5. 强化科教协同育人

提高学生创新研究能力。开展科教资源平台共建共享协同育人，实施以研究型、探究式为主的培养模式，鼓励大师、学术水平高的教师参与本科教学和本科生创新能力培养。

6. 扩大国际交流协作

拓展学生的专业学术视野。通过专家讲学、师资进修、学习交换、双语授课等多元渠道吸取国外高校的先进经验，提高专业办学水平和质量。

（二）构建"二个四结合"的创新创业协同育人生态系统

为实现各个平台的深度合作和有效联动，系统制定卓越创新型人才培养方案和培养模式，在良好的创业环境和文化氛围下，拟构建"二个四结合"的协同育人生态系统。

"创新精神、创业文化、创业链条、知识创业"四结合，建设先进创业理念，创业教育理念关系到创业教育的发展方向。现阶段创业教育的核心是创业精神培养，包括创业需求、风险承担、抗挫折能力等心理素质的培养。创业教育要培养激情勃发的创业者，首先要培养创新精神。创业教育是个系统工程，传统的创业教育处于相互割裂的、狭隘的封闭状态，迫切需要形成相互沟通、良性循环的创业链。知识在经济社会发展中发挥至关重要的作用，需要将知识创业作为创业的重要因素。

"思维创新、技术创新、自主创业、岗位创业"四结合，明确创业教育原则，创业教育的广泛性与持续性决定了创业教育需要坚持思维创新、技术创新、自主创业和岗位创业结合的原则，创新思维是开展创业活动的先导，创业教育的根本要素归结于培养创新主体的创新思维能力。创业需要技术的支持，创新创业教育的核心价值在于引领创新技术增加社会价值，将知识转化为生产力。高校创新创业教育迫于就业压力普遍强调自主创业，培养新企业的创办者，但从长远发展规划来看，高校创新创业教育应该重视"岗位内创业者"，在现行公司体制内发挥创业精神和技能，促成新事物产生，从培养自主创新者为主向培养岗位创业为主转化，以更好满足岗位职业要求。因此，"四结合"的创新创业教育原则兼顾思维创新和技术创新、自主创业和岗位创业。

三、将生态学的分析视角引入创新创业领域的可行性分析

从创业的生态学研究视角来说，创业活动的发展就像一个刚出生的婴儿，经历孕育、

出生、成长和成熟等各个阶段，因此，创业活动就和人生一样，在每个阶段都需要其特定的成长环境和资源，创业活动自始至终都与外部要素存在相互依存的关系。同时，创业活动的发展过程遵循优胜劣汰的竞争原则，创业活动的广泛推进也依托于具体的创业环境。因此，创业生态系统是由创业企业及周围的环境组成的一个动态平衡系统，两者之间相互影响、共同发展。

（一）创新创业活动是有生命力的组织活动

基于生态学原理理解创业活动的起点，创业活动的发展过程好似一个从孕育到诞生，并且逐渐成长、成熟的生命体。创业始于对创业机会的识别。在机遇与挑战并存的市场经济环境中，各种信息、各类资源纷扰交错，创业者在创业活动的孕育期必须从复杂的环境中寻找到对自身创业活动有价值的资源和信息。创业者在创业活动的种子期需要确定创业方向和目标市场，寻找合作伙伴，将更多相关资源引入创业项目中，建立企业作为创业基地。创业者在创业活动的发展期必须根据创业方向为企业设定一个总体战略目标和经营模式。当企业经营活动步入正轨后，随着经营规模的扩大，企业逐步进入成熟期，其主打产品已占有相当一部分市场份额，并且为企业创造了可观的经济效益，使企业资金逐渐充裕并稳步运作。从孕育到企业发展成熟，在整个创业过程中企业必须不断汲取资源，同时，与外部支持要素保持密切的交流，与之相互依存。

（二）创新创业活动具备自我调控调节机制

在整个系统中，一个创业群落的发展会影响另一个创业群落的发展，影响并改变创业环境，一旦创业环境改变，系统中不适应现有环境的生态系统又会进行自我调节，整个生态系统中都在不停地重复这个过程，这种调控特性促使整个创业生态系统稳定在一个动态平衡的状态。创业群落与创业环境经过长久以来的适应共存，逐渐形成了一套相互协调控制的机制，主要表现在以下两个方面：一是对创业群落结构间的调控，二是对创业群落与周围创业环境之间的相互调控。创业环境能影响创业群落的成长，创业群落也能改善创业环境。这些调控机制使群落与群落间、群落与环境间达到协调的动态平衡。

（三）创新创业活动拥有开放系统系列特质

创业系统与生态系统一样也是一个开放的系统，从创业组织到创业生态系统、创业群落和周围环境都是开放的，从外界输入各种资源，经过创业群落的加工转化，形成最终产品输出给消费群体，从而维持整个系统有序循环的状态。例如，一个功能完备的创业园区系统，也无法脱离整个社会市场系统单独存在，需从周围创业环境中获取各类创业资源，经过创业园区内部的复杂转化过程，最终形成创业成果输送到外部市场。

（四）创新创业活动的开展依托于周围环境

生态环境是以整个生物界为中心，围绕生物界并构成生物生存的必要条件的外部空间，包括大气、水、土壤、阳光及其他无生命物质等，生态环境直接影响生物的生存和发展，进而影响整个生态系统的平衡和稳定。生物的生存和发展有赖于生态环境中的生物群落，不利的生态环境会阻碍生物生长，甚至会导致其灭亡。从这点来看，创业环境无疑是创业活动生存和可持续发展的必备要素。创业环境就是企业的生存环境和活动空间，它决定企业的生存状况、运行方式及发展方向，不同的创业环境会衍生出不同的创业活动主体，目前许多国家都非常重视创业环境的建设。此外，虽然创业环境对企业的生存和发展起到一定作用，但并不意味着创业主体只能被动地适应环境，如同生态系统中所存在的生物与生态环境之间的交互作用一样，创业主体可以通过创业环境汲取有价值的资源，并在创业环境中成长、成熟，在这一过程中也通过创业活动改变创业环境，这就形成了创业活动与创业环境之间相互依存的紧密联系。

（五）基于生态系统理论的大学生创新创业影响因素分析

生态系统理论整合了影响教育的各项因素，提出了各要素之间的相互影响关系，是创新创业教育研究分析的全新思考。从生态系统理论的角度来看，课程是创新创业的微观系统，是学生教育中直接接触的部分。导师是中观系统，他们联系学生与课程，政策却是影响大学的外观系统，与学生之间并无绝对的直接关联，但政府的政策却影响大学生创新创业教育的发展情况。文化是宏观系统，它抽象、模糊，却反映了社会发展的趋势，也宏观地指挥着创业教育的方向。同时，基于生态系统理论的支撑和数据的分析发现，要使创新创业教育更具有活性，就必须关注资金对于整个系统的影响。

四、基于创业生态系统的创新创业教育模式

（一）模式的运转中枢

2009 年 11 月，东北大学秦皇岛分校成立了"创新创业与风险投资研究所"（以下简

称"创投所"），作为一个研究和社会服务机构，自然而然地承担起衔接校内创新创业教育与创业生态系统的桥梁作用。在创投所的推动下，学校与秦皇岛港城创业中心（国家级孵化器）建立了良好的合作关系，并最终促成河北省省级校外实践基地的挂牌。创投所与经贸学院团委合作，开设"企业家进校园"品牌讲座，该讲座每两周举办一次，邀请创业成功的企业家进入校园现身说法，从而成为学生接触社会的一个窗口。创投所通过举办"企业家培训班"，不仅服务本市创新型企业，也成为本市企业了解高校的一个关键通道。创投所每年还组织一次"中国创新创业大赛东秦选拔赛"，鼓励师生合作组建创业团队，促进本校科技成果的商业转化。创投所与秦皇岛经济技术开发区管委、中国科技金融促进会合作，设立创新创业试验与培训基地，该基地将架起政府、企业、高校三者合作并互相促进的桥梁。

（二）模式的主要表现形式

由校大学生创新中心、经贸学院与创投所通力合作打造的"创新型企业商业计划路演大赛"是东秦嵌入创业生态系统的创业教育的主要方式。它为真实创新型企业设计的比赛，吸引了众多风投机构的参与，为创新创业生态系统和学校的创新创业教育注入了新元素，成为政府、企业和高校结合的完美典范。

该大赛对学生培养的效果非常之好：第一，学生可以在就业面试中信心大增，拿出自己制作的商业计划书，获得工作机会。同学们反馈，有时候，和面试官谈论的话题是围绕实践活动展开，关于实践活动的话题，占据了面试时间的1/2以上。部分学生被证券公司录用从事投资银行业务。第二，部分同学认识到实习企业的发展前景，果断进入此类企业工作，很快得到提升并在企业中担当重任，成为创业团队核心成员。第三，有少数学生毕业后走向创新创业之路，快速实现销售和融资，使企业得以生存和发展。

从表面来看，中国高校当前纠结于创业教育该如何深度推进以提高实效的问题。然而从深层次来看，中国高校在社会创业生态系统中，正面临生态位迷茫的问题。所谓生态位，是指生物种群在以环境资源或环境条件梯度为坐标而建立起来的多维空间中所占据的空间和位置。生态系统中每个物种都有自己的生态位。生态位越宽，种群可利用的资源种类越多，对周围环境的适应能力越强。家庭教育、学校教育、社会教育，每个系统都有自己的教育要素、媒介和工具。

根据生态学最少因素理论，当生态系统中一些特定因子处于最小量状态时，其他处于高浓度或过量状态的物质可能起补偿或替代作用。改革开放后，由于制度变革带来了大量市场机会，那些参与创业活动并取得良好收益的创业者，会在周围人群中产生积极的跟随效应，民众对于如何更顺利、更便捷、更有效地从事创业活动有了潜在的巨大学习需求。这本来应该是高校创业教育发展的大好时机，但中国办学机制的不足与封闭使在校的学生无法及时获得创业知识或根本无法获得相应的创业知识，造成社会创业生态系统中潜在的创业者群体无法从高校获取足够的创业教育"营养和资源"，只能转而求助其他主体。当其他主体可以基本满足这种需求时，就使社会创业生态系统的"创业教育供需矛盾"得到缓解。

第八章

产教融合背景下创新创业指导

第一节　创新创业的社会环境

一、大学生创业概述

（一）大学生创业定义

1. 创业的定义

创业是创业者对自己拥有的资源或通过努力对能够拥有的资源进行优化整合，从而创造出更大经济或社会价值的过程。创业作为一个商业领域，以点滴成就点滴喜悦，致力于理解创造新事物（新产品、新市场、新生产过程或原材料、组织现有技术的新方法）的机会如何出现并被特定个体发现或创造，这些人如何运用各种方法去利用和开发它们，然后产生各种结果。

创业是一个人发现了一个商机并加以实际行动将其转化为具体的社会形态，从而获得利益，实现价值。

2. 大学生创业的定义

大学生创业是一种以在校大学生和已毕业大学生的特殊群体为创业主体的创业过程。随着近期我国不断走向转型化进程以及社会就业压力的不断加剧，创业逐渐成为在校大学生和已毕业大学生的一种职业选择方式。

大学生作为我国的年轻高级知识人群，有着较为丰富的知识储备和相较于其他高级知识分子所欠缺的创造力，是符合我国"十三五"规划的创业主要人群。但因为大学生这个群体社会实践经验与能力的欠缺，与创业的成功要素相矛盾，导致大部分大学生创业在初期就自行夭折，使大学生创业成了国家和社会共同关注的话题。在"十三五"规划中，也针对这个现象有着相应的论述，给大学生创业这个创业过程带来了众多的机遇与挑战，大学生创业也将在这些机遇和挑战中走向新的高度。

3. 创业的类型

随着经济的发展，投身创业的人越来越多，《科学投资》调查研究表明，国内创业者基本可以分成以下类型。

（1）生存型创业者

生存型创业者大多为下岗工人，失去土地或因种种原因不愿困守乡村的农民，以及刚刚毕业找不到工作的大学生。这是中国数量最大的创业人群。清华大学的调查报告显示，这一类型的创业者占中国创业者总数的90%。其中许多人是被逼上梁山，为了谋生混口饭吃。

一般创业范围均局限于商业贸易，少量从事实业，也基本是小型的加工业。当然也有因为机遇成长为大中型企业的，但数量极少，因为国内市场已经不像20多年前，如刘氏四兄弟、鲁冠球、南存辉他们那个创业时代——经济短缺、机制混乱、机遇遍地。如今这个时代，用句俗话来说就是狼多肉少，仅想依靠机遇成就大业，早已是不切实际的幻想了。

（2）主动型创业者

主动型创业者可以分为两类，一类是盲动型创业者，另一类是冷静型创业者。前一类创业者大多极为自信，做事冲动。这类创业者与博彩爱好者很相似，喜欢买彩票、博弈，却不太喜欢检讨成功概率。这样的创业者很容易失败，但一旦成功，往往就是一番大事业。冷静型创业者是创业者中的精英，其特点是谋定而后动，不打无准备之仗，或是掌握资源，或是拥有技术，一旦行动，成功概率通常很高。

（3）赚钱型创业者

赚钱型创业者除了赚钱外，没有什么明确的目标。他们就是喜欢创业，喜欢做老板的感觉。他们不计较自己能做什么，会做什么。可能今天在做着这样一件事，明天又在做着那样一件事，他们做的事情之间可以完全不相干。甚至其中有一些人，连对赚钱都没有明显的兴趣，也从来不考虑自己创业的成败得失。奇怪的是，这一类创业者中赚钱的并不少，创业失败的概率也并不比那些兢兢业业、勤勤恳恳的创业者高。而且，这一类创业者大多过得很快乐。

（4）创意创新创业型创业者

此类创业模式对创业者的个人素质要求很高，创业成功往往形成独角兽企业，有时形成新的业态。

创业者首先要处理好创意、创新、创业三者的关系：常规思维及创新思维产生创意，创意是创新的基础，创意是创业的动力源之一，创新与创业的结合形成新的生产方式，良好的创新创业氛围更易激发人们的创意，创意创新创业完美组合的链条是推动各业发展、社会繁荣的重要源泉。其次是配置资源。

（5）迭代创业者

互联网时代认知迭代、产品迭代，组织迭代、营销迭代，处于不断迭代的创业模式。

认知迭代。互联网迭代创业的认知标准是打造超级 IP，企业要在细分市场建立一个高维度且富有想象力的认知。让大市场明白你到底是什么，让用户知道你是先进的还是落后的，你的认知能力是否提升到可以有布局未来。认知迭代就是企业 IP 面向未来的旗帜。

产品迭代。谈到产品迭代，我们要引入一个新概念"MVP"（Minimum Viable Product）最小化可行产品，就是针对天使用户的最小功能组合。也就是说，今天企业的产品不再是火箭发射式的路径，而是一个不断探索摸索的过程，探索的标准就是产品的尖叫度。正如前文所述，现在企业创业难点之一在环境的不确定性，决策层很难看到可预期的未来，因此传统的"大兵团"联合作战的基础不复存在，只能通过小产品的不断渗透找到产品的方向。因此，出现了流量产品、爆品战略等众多的产品战略矩阵。

组织迭代。工业化时代的企业组织是建立在资本雇佣劳动的基础上，在互联网时代，人人都是创业者，未来将出现无工可打的局面。传统的企业组织管理体系根本不能适应企业的迭代创业过程。组织架构平台化，组织体系去中心化，内部创业创客成为常态。韩都衣舍、芬尼克兹、海尔等纷纷开启了新一轮的商业组织革命。

营销迭代。互联网时代，营销的逻辑发生了变化，传统的营销是由面到点的过程，即从广告→口碑→粉丝的过程，而在互联网时代，用户面对信息的海量爆炸，广告无法给人深刻的印象，看看我们身边的互联网公司的产品，他们的营销逻辑好像是反向的，粉丝→口碑→广告（传播）。由此我们可看出，传统的营销逻辑是"由面到点，概率营销"，而互联网时代营销逻辑是"由点到面，口碑为王"。所谓净推荐值，即客户的口碑推荐转化。当然，要做到互联网营销达到用户的净推荐，需要在渠道、战术、用户以及技术上进行营销迭代。

（二）大学生创业的优劣分析

1. 优势

（1）大学生往往对未来充满希望，他们有着年轻的血液，充满激情以及"初生牛犊不怕虎"的精神，而这些都是一个创业者应该具备的素质。

（2）大学生在学校里学到了很多理论性的东西，有着较高层次的技术优势，而目前最有前途的事业就是开办高科技企业。技术的重要性是不言而喻的，大学生创业从一开始就必定会走向高科技、高技术含量的领域，"用智力换资本"是大学生创业的特色和必由之路。一些风险投资家往往就因为看中了大学生所掌握的先进技术，而愿意对其创业计划进行资助。

（3）现代大学生有创新精神，有对传统观念和传统行业进行挑战的信心和欲望，而这种创新精神也往往是造就大学生创业的动力源泉，成为其成功创业的精神基础。大学生心中怀揣创业梦想，努力打拼，最终创造了财富。

（4）大学生创业的最大好处在于能提高自己的能力，增长社会实战经验，以及学以致用；最大的诱人之处是通过成功创业，可以实现自己的理想，证明自己的价值。

2. 劣势

（1）由于大学生社会经验不足，常常盲目乐观，没有充足的心理准备。对于创业中的挫折和失败，许多创业者感到十分痛苦茫然，甚至沮丧消沉。大家以前创业，看到的都是成功的例子，心态自然都是理想主义的。其实，成功的背后还有更多的失败。看到成功，也看到失败，这才是真正的市场，也只有这样，才能使年轻的创业者们变得更加理智。

（2）急于求成、缺乏市场意识及商业管理经验，是阻碍大学生成功创业的重要因素。学生们虽然掌握了一定的书本知识，但终究缺乏必要的实践能力和经营管理经验。此外，由于大学生对市场营销等缺乏足够的认识，很难一下子胜任企业经理人的角色。

（3）大学生对创业的理解还停留在仅有的一个美妙想法与概念上。在大学生提交的相当一部分创业计划书中，许多人还试图用一个自认为很新奇的创意来吸引投资。这样的事以前在国外确实有过，但在今天这已经是几乎不可能的了。投资人看重的是你的创业计划真正的技术含量有多高，在多大程度上是不可复制的，以及市场赢利的潜力有多大。而对于这些，你必须有一整套细致周密的可行性论证与实施计划，绝不是仅凭三言两语的一个主意就能让人家掏钱的。

（4）大学生的市场观念较为淡薄，不少大学生很乐于向投资人大谈自己的技术如何领先与独特，却很少涉及这些技术或产品究竟会有多大的市场空间。就算谈到市场的话题，他们也多半只会计划花钱做做广告而已，而对于诸如目标市场定位与营销手段组合这些重要方面，则全然没有概念。其实，真正能引起投资人兴趣的并不一定是那些先进得不得了的东西，相反，那些技术含量一般但却能切中市场需求的产品或服务，常常会得到投资人的青睐。同时，创业者应该有非常明确的市场营销计划，能强有力地证明赢利的可能性。

二、大学生创业基本能力

（一）大学生创业具备的基本能力

1. 自我认知及科学规划

这一点对年轻人来说，是不容易实现的。尤其是大学生刚出校门，对社会和自己的认识还非常有限。要想清楚地知道自己以后的发展方向，仅靠自身的苦思冥想是找不到答案的。最好的办法就是通过观察别人，征求"过来人"的意见，再结合自己的实际情况制定一些小的目标，通过确定和实现这些小目标，再慢慢地开始规划自己的人生。

在创业过程当中，要经常性地提前计划或规划一些事情。在制订计划的时候一定要综合各种因素，形成切实可行的动作分解，要将任何可能的细节都考虑在内。而在实施的过程当中要针对当下的具体情况进行，适时做调整。运营需要强有力的计划管理能力，只有具备这一能力才能让自己更靠近成功创业之门。

2. 胆识和魄力

作为创业者，你就是团队的灵魂。团队运营后，甚至在筹备之初就会面临各种各样的决策，你的一举一动都左右着创业的发展走向和兴衰。前期创业者可能会广泛地征求亲朋好友的建议，一旦自己能够独立自主后，就必须要通过自己的智慧和胆识去决定各种大小事务。当自主地做出决策时，谨慎是必不可少的，一旦优柔寡断可能就会失去一个绝佳的商机。同时，决策的胆识和魄力一定要建立在深思熟虑的基础之上，既要选择小风险又要兼顾利益最大化。

3. 团队管理、信息管理、目标管理

任何创业如同经营一家企业一样，需要制定各种制度。制度不在于多，而在于是否让所有相关人都能够明白其道理，并且严格执行。创业者需要针对自己团队实际情况建立各种有效的管理制度，包括店员管理、培训、绩效考核等。同时，针对市场的不断发展变化而改进相应制度，只有这样才能够让创业者及其团队立于不败之地，拥有发展的主动权。

在此想提醒大学生创业者，在制定和改进管理制度的时候，一定要基于客观事实出发，而不要想当然，要极力保证制度的可实施性。

创业者每天都会通过不同渠道接触各种信息，如：竞争对手又开始降价了，明天要下雨，厂家又有新政策等。如何从大量的信息里筛选与自己相关的，再从与自己相关的信息里找到有效的，这需要长时间的锻炼。只有正确有效信息才能指导自己店铺各项工作有序开展。对于大学生创业者而言，由于缺乏大量的社会实践经验，所以在接触各种信息的时候，难免会失之偏颇地做一些决定。在大家对信息无所适从的情况下，可以向过来人进行请教，加以甄别。要在观察和请教别人的过程当中，不断提高自身管理信息的能力。

4. 谈判

在创业者人际交往过程当中，与人谈判的情况必不可少。谈判对创业者的要求是综合多面的，需要创业者有一定的语言能力、心理分析能力、人文素养等。要想在谈判当中占得主动地位，必须要有很强的谈判能力。杰出的谈判能力能够让创业者在谈判过程当中直接获得更多的利益。

5. 处理突发事件

创业过程当中，会不可避免地发生一些突发事件，而其中很大部分都是我们想避免的。然而当事情发生的时候，需要我们更为积极地应对。如果这些事情发生在创业者顾客身上，处理得当的话，还能起到广告效果。通过用心的服务会向顾客传递一种负责任的形象。"好事不出门，坏事传千里"，任何一个突发的事件，稍加不注意，也会使自己的形象一落千丈，甚至砸掉自己的招牌。如何处理好每次的突发事件，化险为夷甚至通过这些事件的妥善解决，让顾客更加认同你或者你的团队，再借顾客之口，为你不断传播好口碑。

6. 学习

在现代社会要想取得不断的成功，必须具备持续的学习能力。市场和行业的竞争日益激烈，大到一个企业、小到个人要想力争上游，那就必须比竞争对手更快地掌握更多的知识，通过不断学习使自己立于不败之地。对于大学生创业者而言，除了书本的理论知识，更要重视学习其他方面的综合能力。

7. 社会交往能力

良好的人际关系，不仅能给人生带来快乐，而且还能助人走向成功。大学生创业者在开始创业后必将接触到各种不同类型、身份的人，而接触的人大多都是跟自己的利益攸关的。所以从创业最开始就要学会跟各种人打交道。要尽可能地去结交人脉，认识朋友，舍得给自己投资。在与前辈们的交流和学习当中不断认识到自己的不足，针对性地加以完善。

8. 保持身心健康

创业者经常要与孤独和挫折为伴，绝大多数的创业过程都不是一帆风顺的。时下流行一个词"逆商"，也就是说人适应逆境的能力。创业者如何保持乐观而稳定的心态，需要在长时间的历练当中找到方法。而大学生创业者一般都比较心高气傲，有着强烈的自尊。建议刚毕业的大学生一样要放低姿态，平静地去接受一切可能的打击。同样，在得意时，也要克服骄傲的情绪，切不可沾沾自喜，妄自尊大。

身体是革命的本钱，创业者只有身体健康才能够支撑一切的打拼和奋斗。为事业拼搏而废寝忘食的精神非常值得肯定，但是终究不能视之为常态。大抵年轻的创业者都会精力旺盛，一旦投入工作中都很难自拔。在创业的过程当中一定要注意劳逸结合，切莫因为太拼而让自己的健康状况下滑。

（二）大学生创业具备的心理特质

大学生要想有创业能力，必须把握的核心能力如下。

1. 价值优越性

核心能力应当有利于企业效率的提高，能够使企业在创造价值和降低成本方面比竞争对手更加有优势。

2. 异质性

一个企业拥有的核心能力应是独一无二的，这是企业成功的关键因素。核心能力的异质性决定了企业之间的异质性和效率差异。

3. 不可仿制性

核心能力是在企业长期的生产经营活动过程中积累形成的，深深地印上了该企业特殊组成、特殊经历的烙印，其他企业难以复制。

4. 不可交易性

核心能力与企业相伴而生，虽然可为人们所感受到，但却无法像其他生产要素一样通过市场交易进行买卖。

5. 难以替代性

和其他企业资源相比，核心能力受到替代品的威胁相对较小。没有核心能力的创业不过是昙花一现。

（三）大学生创业提醒事项

1. 创业是修行，不是做学问

创业是修行，不是做学问。修行重在实践与行动，在修行中体验、见证与感悟。做学问则往往是抽象出具有普遍意义的规律与方法来指导大家。诚然万事皆有学问，但创业的学问重点不是在方法上。就如同宗教信仰，要去修行，而不是读相关的书。如果你总是在读一些相关的书，讲一些道理，而没有真的去"信"，实际是无法真正理解信仰的。创业也是一样，一些人总是想搞清楚什么是创业、该如何创业，期望把创业的学问研究透再去创业，最后却一直没有创业。

听说不少高校都打算开设创业课程，还有的成立创业协会和创业训练营，有一些还推出了创业 MBA、创业研究生课程。这些创业学课程如果不是围绕行业特征、产品策划和团队建设来进行的话，则只是成功学的翻版。

2. 打消"第一桶金"思维

许多年轻人都对创业成功者的"第一桶金"非常感兴趣。第一桶金，指的是早先开展的某项业务，在极短的时间内赚到了相当可观的一笔钱，再用这一笔钱发展出了一个更大的事业，才会称那笔钱为第一桶金。

这里并不推崇"第一桶金"文化，不建议同学们对第一桶金那么感兴趣。因为崇尚第一桶金就是在崇尚成功学，崇尚不择手段地快速爆发，并且在骨子里并不是喜欢当前创业的项目，只是想借这个项目谋得一笔钱，然后转型做心目中另一个"又红又专"的事。要创业，就一定要选择自己愿意为之终生付出的事情来做，才有可能做好，定义为过渡性的事情，一般都做不好。何况，大多数创业者都是从草根阶层开始，起点低、底子薄，如果能够找到一个事情，既能作为一项长期的事业来坚持，又能养活自己，就已经相当伟大了，对于赚得"第一桶金"，少些期待会更加务实。

3. 初创企业的早期股权结构无定式

初创企业的早期股权结构如何才合理？在这个问题上，没有标准的答案，创业者对于公司的股权不能不当回事，也不能太当回事。

美国知名杂志撰文说，19 世纪以来，世界上最伟大的发明，不是飞机、汽车、电脑或手机，而是"公司制"。说不能不当回事，就是创业者按照"公司"的理念来办事才是正道。公司的理念在本质上就是公司法人和股权治理结构。企业初创期合理的股权结构安排，会有利于企业长期发展和灵活扩展。有不少企业也是因为股权结构分散或者过于集中、股东矛盾等原因而失败的。

说不能太当回事，就是创业者要正确地根据公司性质与估值来合理划分股份，不能想当然。从股权结构设计上来说，初创企业有两种类型，一种是技术创新型企业，往往创始人团队无形资产价值较高，应保持占有60%~70%股份启动创业，财务投资人不宜占有超过30%的股份，并适当预留一部分股权作为员工激励。另一种是资金占用型企业，比如房地产开发、加工厂、实体店之类的，创始人团队的价值主要体现在运营管理上，技术含量有限，无形资产价值也有限，也很难形成技术壁垒，主要还是靠资本的力量来推动发展，这种情况下一般投资方会占有很大的股份，管理团队能拿10%~20%的股权激励就不错了。也就是说，并不是每一个项目上创业者、管理团队就一定能占有大股份的，要看项目而设定。

4. 创业不伟大，也不卑微

对于大学生来说，创业就是那么回事，创了就创了，没创就没创，算是命运的一种选择吧。不管是对于创业的同学来说，还是对于没有创业的同学来说，都不必讲太多的大道理、必然性或者光环论。

创业，不是一个什么伟大的事。也许成功的创业在很多人看来是一种伟大。其实，谋好一份职业并能胜任，也是一样伟大的事。同样，创业也不是什么卑微的事，哪怕找不到工作被逼得走投无路只得自己创业，也很正常。创业是最有效的学习方式，就算是创业失败了，你的经历也是很有含金量的。

很多大学生创业，真正挽起袖子来干时，实际上还是那股子傻劲，并不是一个从战略到规划，从理性到辨析的过程。也就是说，大学生创业，大多数还是想开始的，许多人会经历很大的挫折。也有一些人会遇上好运气，然后兴奋地折腾上一段时间，最后伤痕累累地收场。与之不同的是，对于有了几年工作经验，或者有过创业经历的再创业者来说，往往创业是为了实现梦想，这时候管理意识和经营理念也大大增强，一般都会由目标驱动，通过计划来掌控，以成功的模式来引导发展。而那些有了大成就的人，他们的创业则更多的是使命感，是认为存在那么个事比较适合自己去做，通过做这个事来保持生活的热情和成就感。

5. 成功到底要多久

每一个创业者，无论是不是大学生创业者，都怀揣成功的梦想，都是在追求成功。然而，创业的红旗能够扛多久，距离成功的路到底有多长，真是一个无法预测的问题。

成功往往就在不经意的转角处，是说创业者的成功，没有谁是一帆风顺的，都会面临一些难题，面临一些重大的困难。这个时候最是考验创业者，这段经历往往也是成功的试金石。啃啃硬骨头，拿下这些难题，企业就上了一个新的台阶，又成长了一步，离成功就会更近一步。

也许，我们创业的路上，永远都没有成功的感觉，只会是一路相陪的挫折感和完成一个任务后的成就感，这可能就是创业，这可能就是生活。因此，创业并不仅仅考验一个人的成功观与事业心，更考验一个人的生活观。

三、大学生创业的社会环境

（一）大学生创业教育

1989 年底，联合国教科文组织在北京召开的"面向 21 世纪教育国际研讨会"上首次提出并讨论了"创业教育"的概念，将创业教育视为未来的人应该掌握的"第三本教育护照"。创业教育被赋予了与学术教育、高等教育同等重要的地位，其根本思想就是培养创业意识、创业品质，增强创业能力。

大学生创业教育就是以提高大学生综合创业能力为目的，培养具有创业意识、创业精神、创业人格、创业心理品质的高素质人才的教育。特别是培养大学生"白手起家"创办小企业（微型企业）的精神和能力，使更多的求职者变成工作岗位的创造者。和就业教育相比，创业教育不直接帮助大学生去寻找工作岗位，而是重在教给大学生寻找和创造工作岗位的方法。大学生创业教育不是简单的专业技能教育，其中心任务就是促使大学生将知识、技能转化为产业的意识和大学生个人内在的需求，它的核心是创新教育，以挖掘人的创造潜能、坚持以人为本、弘扬人的主体精神、促进个性和谐健康发展为根本宗旨。

西方发达国家普遍在 20 世纪 70 年代就开始进行创业教育的实践，而美国进行创业教育的历史已近 100 年，目前已完全系统化。我国的创业教育起步较晚，开始于 1998 年清华大学发起的"清华大学创业计划大赛"。1999 年，教育部制定的《面向 21 世纪教育振兴行动计划》对创业教育进行了部署，2002 年 4 月教育部确定中国人民大学、清华大学、北京航空航天大学、黑龙江大学、上海交通大学、南京大学、南京经济学院、武汉大学、西安交通大学 9 所大学作为创业教育的试点学校，拉开了我国大学研究与实践创业教育的序幕。在我国，由于大学生对于创业的理解还存在误区，高校的创业教育体系、课程体系也不够完善，加上创业教育的师资匮乏，创业教育的外部环境也有待改善，可以说我们的创业教育才刚起步，需要做的工作还很多。2010 年，《国家中长期教育改革和发展规划纲要（2010—2020年）》明确提出要推进高校创业教育，以教育部《关于大力推进高等学校创新创业教育和大学生自主创业工作的意见》为标志，我国大学生创业教育进入了教育行政部门指导下的全面推进阶段。

（二）大学生创业方向

1. 高科技领域

身处高科技前沿阵地的大学生，在这一领域创业有着近水楼台先得月的优势，"易得方舟""视美乐"等大学生创业企业的成功，就是得益于创业者的技术优势。但并非所有的大学生都适合在高科技领域创业，一般来说，技术功底深厚、学科成绩优秀的大学生才有成功的把握。有意在这一领域创业的大学生，可积极参加各类创业大赛，获得脱颖而出的机会，同时吸引风险投资。

推荐商机：软件开发、网页制作、网络服务、手机游戏开发等。

2. 智力服务领域

智力是大学生创业的资本，在智力服务领域创业，大学生游刃有余。例如，家教领域就非常适合大学生创业，一方面，这是大学生勤工俭学的传统渠道，可以积累丰富的经验；另一方面，大学生能够充分利用高校教育资源，更容易赚到"第一桶金"。此类智力服务创业项目成本较低，一张桌子、一部电话就可开业。

推荐商机：家教、家教中介、设计工作室、翻译事务所等。

3. 连锁加盟领域

统计数据显示，在相同的经营领域，个人创业的成功率低于20%，而加盟创业的则高达80%。对创业资源十分有限的大学生来说，借助连锁加盟的品牌、技术、营销、设备优势，可以较少的投资、较低的门槛实现自主创业。但连锁加盟并非"零风险"，在市场鱼龙混杂的现状下，大学生涉世不深，在选择加盟项目时更应注意规避风险。一般来说，大学生创业者资金实力较弱，适合选择启动资金不多、人手配备要求不高的加盟项目，从小本经营开始为宜。此外，最好选择运营时间在5年以上、拥有10家以上加盟店的成熟品牌。

推荐商机：快餐业、家政服务、校园小型超市、数码速印站等。

4. 开店

大学生开店，一方面可充分利用高校的学生顾客资源；另一方面，由于熟悉同龄人的消费习惯，因此入门较为容易。正由于走"学生路线"，因此要靠物美价廉来吸引顾客。

此外，由于大学生资金有限，不可能选择热闹地段的店面，因此推广工作尤为重要，需要经常在校园里张贴广告或和社团联办活动，才能使店面广为人知。

推荐商机：高校内部或周边地区的动漫店、餐厅、咖啡屋、美发屋、文具店、书店等。

第二节　大学生创新创业准备

一、大学生创业的准备

（一）思想准备

1. 创业意识

在马克思主义物质与意识的辩证关系中，意识对物质具有能动作用。意识活动具有目的性和计划性，人能够能动地认识世界和改造世界。创业意识的培养是大学生今后取得创业成功的前提，想创业，才会选择创业，进而取得创业成功。创业意识是激发人们进行创业活动的诉求，是创业者从事创业活动的内在动力。

要认识到为什么自己会选择自主创业，这是启发创业意识的根本所在。从大学生的就业途径来分析，主要分为：直接应聘企业、考取公务员或进入事业单位、继续深造（专升本、考研、留学）、参加国家就业项目（西部志愿者计划、"三支一扶"、村干部计划等）、自主创业等。而在以上众多就业途径中，选择直接就业较为普遍。由于高校的不断扩招，企业与应届毕业生的供需比例不对称，人多岗少的矛盾现象突出，导致就业竞争压力增大，收入也显得不是很理想。考取公务员及事业单位的就业途径虽然是当前竞争最为激烈的一种就业方式，很大一部分的毕业生选择公招，但是随着公招向有基层经历的人员的倾斜，作为社会经验匮乏的应届大学毕业生将逐步被拒之门外。选择继续深造学习，虽然在近期减轻了自己的就业压力，但是缓冲并不能解决今后仍然需要面对就业竞争压力的社会现状。随着国家就业项目政策的不断健全和完善，对大学生今后的安置与奖励政策的出台，这些项目由原来的被动参与，到现在的主动参与，甚至形成类似于公招的竞争出现后，也变得不是随便可以参加的。在以上的就业途径中，只有自主创业这条路显得很灵活，虽然创业带有一定的条件性和风险性，但是创业成功与否都是跨入社会、自食其力的成功表现，选择自主创业或许能为自己今后的就业铺就一条成功的道路。创业不是每个人生来就具有的能力和素质，创业更多地需要后天的培养和积累。俗话说："凡事欲动，必先谋其思。"进入大学校园后，如果有创业的想法，首先应树立自我创业意识，无论在学习、生活上都应向着创业这方面努力和准备，一旦毕业，就可以把自己的创业想法付诸行动。

2. 创业动机

创业的动力来自创业者对自我价值的实现要求。根据美国心理学家马斯洛的"需求层次论"，自我实现的需要是最高层次的需要，满足这种需要就要求完成与自己能力相称的工作，最充分地发挥自己的潜在能力，成为自己所期待的人物。这是一种创造的需要。有自我实现需要的人，似乎在竭尽所能，使自己趋于完美。自我实现意味着充分地、活跃地、忘我地、集中全力地、全神贯注地体验生活。因此，创业者通过创业来实现自己的人生价值是一种最高境界。

当前，大学生创业动机具有显著特点。调查显示，文理科、独生子女与非独生子女创业动机没有显著差异，然而男大学生创业动机远高于女大学生，农村大学生远高于城镇大学生，财经类专业大学生远高于其他专业大学生，前者创业意识较强，他们不想再依赖家长、学校，而是主动出击，寻找机遇，伺机创业。

（二）心理准备

随着市场经济竞争的加剧，对于刚刚步入社会就选择创业这条道路的大学生而言莫不是更大的挑战，创业投资不比校园生活，社会商海的残酷要比校园的磕磕绊绊更为棘手。一个勇于创业的人，必定也是一个有着较强心理素质的人。大学生生活在校园环境中，每天不用面对复杂的问题、承受过大的心理压力，要适时地将宽松的氛围当成增强心理素质的最好平台。"不积跬步，无以至千里。"只要我们细心对待大学的每一件事和每一个人，勇于面对问题和挑战，我们的心理素质就会不断提高，为今后的创业做好铺垫。成功的创业者一般需要具备以下心理素质：自信稳重、决策果断、勇于冒险和责任意识。

（三）知识准备

随着高校就业建立以"市场为导向"的机制后，高校在开设专业和人才培养计划方面陆续开始进行改革。如今，高校就业难除了与扩招有一定关系外，更重要的是我们的人才培养模式和就业指导水平存在一定欠缺。有的岗位应聘的人员稀少，有的岗位却人满为患，出现一种学校的人才培养与企业和社会对人才的需求脱钩的现象。为应对这种"不对称"的人才培养模式，各高校已开始着手推进就业教学改革，提倡将学生往各专业复合型人才方向培养，突出专业办学特色。大学生如果打算今后自主创业，那么专业知识的复合就显得尤为重要。

创业不是简单的自己去给别人打工，而是自己要领导一些人为自己打工。这就要求这个创业者自己要懂得企业方方面面的管理知识。从创业企业的前期市场调研和原材料采购，到中期的生产管理，再到后期的产品销售和售后服务等环节，都要求创业者把握和了解企业经营循环过程中的各环节管理知识。这就对高校有创业想法的大学生朋友在日常校园的学习过程中，提出了更高的专业知识要求。即便不能做到学习得面面俱到，也要做到"博览群书"。在平时的学习过程中，既要学好自己的专业知识，同时还要利用业余时间多了解一些企业管理方面的知识，多参加一些有关创业方面的培训班学习，多阅读一些成功企业的管理模式的书籍，多利用假期参加一些企业的社会实践活动。大学期间要提前储备的创业知识有管理知识、营销知识和财务知识。

1. 管理知识

企业要想建立现代企业制度，必须形成一种管理机制，要使其在一个管理系统中进行运转。企业管理体系的建立，可以让企业高效率运转，从而更好地为顾客服务。管理知识的学习可以从战略、领导力、市场营销、人力资源、创新等方面去学习，并要把学习的知识不断运用到企业的实践中去。一个管理有序的企业应该先保证企业"做正确的事"，然后才是努力地"把事做正确"。创业阶段可能需要靠创业者的眼光和勇气来排除万难，积极投身于创业，而一旦企业进入了正式的营业状态和成长期后，就需要管理者具有一定的管理能力，而这种管理能力来源于创业者的知识储备。很多企业昙花一现，究其原因，基本都在管理方面出了问题。

作为在校大学生，除了学习本专业知识以外，应该多学习一下"管理学"这门课程知识，即使以后不创业，管理也是和我们日常生活密切相关的。学生群体，小到班级的集体管理，大到学生会或一个系科的管理，这都需要一种管理方式和方法。我们不妨在进入大学后，积极竞选班委会，参加各类学生会和社团组织，有机会可以到辅导员办公室从事学生助理工作，这些活动都可以让自己得到锻炼，明白各个组织、不同层面上的管理知识。

2. 营销知识

市场营销的最终目的是说服自己的顾客，创造购买需求。不能满足顾客需求的企业就不能促成交换，企业将无法循环经营和运转。营销知识是今后创业过程中经常要用到的知识之一，这需要我们在创业前认真去学习和运用。

在校大学生可能在日常的学习过程中不会过多地接触营销知识，但是我们可以通过以下方式进行学习。第一，多去图书馆阅读有关营销案例知识的书籍，这些成功企业的营销案例具有很强的实际应用性；第二，可以选择性地去听一些管理专业的营销课程，大学的教室是开放式的，不存在班级与班级的壁垒，有心的学生可能会发现，只要你精力充沛，除了学好自己的专业知识以外，还可以利用业余时间到其他专业班级进行听课；第三，多参加校内外的促销活动，虽然促销不过是营销的一个方面，但是促销活动可以让自己明白谁是自己的顾客，顾客需要什么，怎样满足顾客的要求，这些其实就是在培养自己以顾客为中心的营销意识；第四，利用寒暑假到一些企业从事兼职营销工作，参与企业市场调研、产品渠道开发、公关促销、售后服务等一系列活动。通过这些，让自己在创业前不断积累营销知识。

3. 财务知识

创业需要创业者具备一定的财务管理知识，如：启动资金需求的预算、成本与利润计划、现金流量计划等。作为一个正规的企业必须要让"财务报表说话"。不少准备创业的在校大学生比较缺乏财务管理知识，导致的结果是启动资金预算不准确，成本核算不全面，企业账目混乱。如果一个企业的账务不清晰，现金流出现短缺，企业一夜之间就可能关门停业。

因此，我们必须要预先了解和学习一些基本的财务知识，建议大学生多参加一些相关的财务管理的知识培训，如：财政部开展的会计从业职业资格培训、人力资源和社会保障局开展的理财规划师培训。这些都是现在高校学生培训中比较热门的财务知识培训，同时也是获得今后从事财务管理岗位的职业资格准入证书的途径。当然，现在一些社会培训机构也有手工做账方面的培训，在校大学生也可以学习一下。除了了解专业的财务知识以外，应该给自己的几年大学生活算上一笔账，给自己准备一个财务账单，先从自己日常的学习、生活开支花费着手进行财务预算和财务记账。

（四）能力准备

能力是指人们顺利完成某件事所具有的资源整合体。企业经营管理能力属于专业能力，需要日常进行不断地学习和积累，大学生如果想在创业方面取得一定的成功，至少需要具备以下五大专业能力：开拓能力、学习能力、领导能力、协作能力和创新能力。

1. 开拓能力

1943 年，美国著名心理学家马斯洛提出需求层次理论，他认为人的动机是由不同性质的需要组成的，各种需要有层次和顺序之分，每个层次决定人的价值取向。如有一个金字塔形状，由上到下分别是：生理需要、安全需要、归属和爱的需要、尊重的需要和自我实现的需要。当低层次的需要达到满足时，就会往更高一层的需要倾斜和发展，如果这种更高层次的需要得不到满足的话，追求者就容易产生消极影响和不安心理，当然，越高层次的需要追求起来也就越难。

创业者就需要有这种永不满足的需求精神，有这种积极开拓进取的精神和能力。强烈的进取心既是创业能力、经营能力形成的基础，也是现代企业家综合素质构成的基本要素。大学生在学校期间应该不断培养自我开拓能力，在学习上要有勇于拼搏的精神，可以通过自己的努力学习争取学校设置的各项奖学金，积极参加各种竞赛活动，要为自己树立远大的目标和理想，这些看似基本的开拓工作都会对将来事业的拓展有着重要影响作用。

2. 学习能力

"学习型"人才是当今社会的主流群体，随着社会的进步，知识更新速度不断加快。在这样一个日新月异的时代，创业中要想把工作做好，就必须有好学与善学的精神。学习不是死读书，而是要跟得上时代的潮流，跟得上经济发展变化。既要见贤思齐，又要注重吸取经验教训。

在学校学习期间，要勤于思考问题，勤于动手操作，要时刻关注国家有关创业扶持方面的政策，特别是关注学校就业指导部门对大学生创业给予的政策解读，及早为今后的创业积累政策参考依据。

3. 领导能力

创业者作为事业起步的"领头羊"，要具备一定的领导才能和人格魅力。一个出色的企业创业团队的产生是因为有一位出色的领导者。创业者本身就具有一种感召力、组织力和吸引力，通过这几种力量的融合，能够使自己的队伍努力为企业奋斗与付出。

20 世纪 70 年代，美国哈佛大学约翰·科特教授在关于领导力的研究中认为，领导力来源于六个方面：行业知识、人际关系、信誉、技能、价值观和进取精神。在校大学生应该注重对大学学习生活的认识，大学不等同于中学，界定一个学生是否优秀不止单一地看学习成绩或分数，而是更加强调学生的综合素质能力，一个优秀的大学毕业生是学习和社会实践两个方面的优秀组合体。那么，除了平时认真学好专业知识以外，还应该参加学校组织的社会实践活动，如：学生会组织、社团组织、大型比赛活动、班委会组织等，这些都可以锻炼自己的领导能力。

4. 协作能力

"一个篱笆三个桩，一个好汉三个帮。"创业是个富有挑战性和压力性的工作，仅靠一个人单枪匹马很难完成，需要有一个出色的团队来支撑。

因此，大学生创业可以联络几个有着共同理想和追求的同学，形成合力，共同面对挑战。让团队的每个人优势互补，形成创业的最大合力。作为创业者如何使团队协调合作，主要是看自己的人脉关系。如果说成功等于知识加人脉，那么知识只占20%，人脉可能会占到80%。人脉关系的好与坏关系到团队能否顺利组建和团结一致。这就需要我们在日常的"情感账户"存入"感恩"，只有这样，当自己真正需要帮助的时候，我们才会受到最大的效益。"团结出战斗力""团结就是力量"，协作能力是每个创业者应该具备的能力之一。

5. 创新能力

"人无我有，人有我优。"创新是保持企业可持续发展的源泉之一。创业者只有时刻保持着创新的创业理念才能使自己的企业在市场竞争中占有一席之地。一个具有创新性的企业也是有着旺盛生命力的企业，如果一个企业在日益复杂、变幻莫测的市场经济条件下，不思进取，不求同存异，不努力创新，迟早会被市场淘汰。大学生创业，应该选择一些符合市场潮流、标新立异的创业项目，在创业管理模式和产品品牌策划方面也应该有较强的"差异化"竞争策略，既不能脱离现实，过于空洞，也不能照搬俗套，步人后尘。要走出一条具有当代大学生自主创业特色的发展之路。

（五）资金准备

1. 自筹资金

创业之初需要做好企业的启动资金预测和准备工作，启动资金主要由固定资产和流动资金组成。如果自有资金足够的话，那就好办。一般情况下，大学生在创业之初，没有多余的资金，这时可以选择寻求家长、亲戚、朋友和同学的帮助。把自己的创业想法告诉你周围的人，试图得到他们的理解和支持。刚走出校门的应届大学毕业生没有资金，也可以先找份工作进行创业前的原始资本积累，学习企业经营管理经验，缓冲一定时期，待资金充足后，再选择自主创业。

2. 政策扶持

关注国家或地方政府对当代大学生自主创业的一些帮扶政策，例如：重庆市政府2010

年出台了重庆市微型企业创业扶持政策，政策规定社会"九类群体"（含应届大中专毕业生）投资金额在 10 万元以下，雇用人数在 20 人以内的算作微型企业，大学生创办微型企业可享受"投资者出一点，财政补一点，税收返一点，金融机构贷一点"的"1+3"政策扶持，不仅可享受注册资本 50% 的财政补贴，在税收方面政府按照企业注册资本等额给予财政税收返还，同时还可获得注册资金 50% 的贴息贷款。有效解决了大学生创办微型企业的注册资本金和经营资金问题。其中，重点扶持文化创意类和信息技术类人员，向项目发展前景好、知识水平高的企业倾斜。国家和地方每年都会针对大学生创业或创业问题出台一系列政策文件，只要我们密切关注、正确把握和利用，就可以使我们更加明确创业方向，在创业的道路上走得更稳。

3. 金融借贷

创业过程中，遇到资金紧张问题时难免会和金融机构打交道，这是企业发展过程中常有的事。金融机构其实十分乐意将自己的钱贷给有良好信誉和有能力偿还贷款的企业，如果要获得金融机构的贷款，需要我们准备完备的《创业计划书》，要让金融机构看到企业的项目发展前景和盈利点，对于一个有发展潜力和利润丰厚的企业，金融机构也是很乐意与之合作的。作为大学生，要想从金融机构进行借贷，要做好以下三方面准备：一是要有项目可行性方案和投资创业计划书；二是要有贷款担保人或抵押物；三是要有良好的信誉记录和偿还能力。当前，国家针对应届大中专毕业生有一系列的配套小额贷款政策，创业者应准确理解并加以利用。

二、大学生创业的风险

大学生创业者要认真分析自己创业过程中可能会遇到哪些风险，在这些风险中哪些是可以控制的，哪些是不可控制的，哪些是需要极力避免的，哪些是致命的或不可管理的。一旦这些风险出现，你应该如何应对和化解。特别需要注意的是，一定要明白最大的风险是什么，最大的损失可能有多少，自己是否有能力承担并渡过难关。

大学生创业的风险主要有以下四个方面。

（一）项目选择

大学生创业时如果缺乏前期市场调研和论证，只是凭自己的兴趣和想象来决定投资方向，甚至仅凭一时心血来潮做决定，一定会碰得头破血流。

大学生创业者在创业初期一定要做好市场调研，在了解市场的基础上创业。一般来说，大学生创业者资金实力较弱，选择启动资金不多、人手配备要求不高的项目，从小本经营做起比较适宜。

（二）缺乏创业技能

很多大学生创业者眼高手低，当创业计划转变为实际操作时，才发现自己根本不具备解决问题的能力，这样的创业无异于纸上谈兵。一方面，大学生应去企业打工或实习，积累相关的管理和营销经验；另一方面，积极参加创业培训，积累创业知识，接受专业指导，提高创业成功率。

（三）资金风险

资金风险在创业初期会一直伴随在创业者的左右。是否有足够的资金创办企业是创业者遇到的第一个问题。企业创办起来后，就必须考虑是否有足够的资金支持企业的日常运作。对于初创企业来说，如果连续几个月入不敷出或者因为其他原因导致企业的现金流中断，都会给企业带来极大的威胁。相当多的企业会在创办初期因资金紧缺而严重影响业务的拓展，甚至错失商机而不得不关门大吉。

另外，如果没有广阔的融资渠道，创业计划只能是一纸空谈。除了银行贷款、自筹资金、民间借贷等传统方式外，还可以充分利用风险投资、创业基金等融资渠道。

（四）社会资源贫乏

企业创建、市场开拓、产品推介等工作都需要调动社会资源，大学生在这方面会感到非常吃力。平时应多参加各种社会实践活动，扩大自己人际交往的范围。创业前，可以先到相关行业领域工作一段时间，通过这个平台，为自己日后的创业积累人脉。

第三节　创新创业指导与政策

一、大学生创业政策

（一）税收、贷款优惠政策

大学生创业税收优惠——持人社部门核发就业创业证（注明"毕业年度内自主创业税

收政策"）的高校毕业生在毕业年度（指毕业所在自然年，即 1 月 1 日至 12 月 31 日）内创办个体工商户、个人独资企业的，3 年内以每户每年 8000 元为限额依次扣减其当年实际应缴纳的营业税、城市维护建设税、教育费附加和个人所得税。对高校毕业生创办的小型微利企业，按国家规定享受相关税收支持政策。

创业担保贷款和贴息——对符合条件的大学生自主创业的，可在创业地按规定申请创业担保贷款，贷款额度为 10 万元。鼓励金融机构参照贷款基础利率，结合风险分担情况，合理确定贷款利率水平，对个人发放的创业担保贷款，在贷款基础利率基础上上浮 3 个百分点以内的，由财政给予贴息。

免收有关行政事业性收费——毕业两年以内的普通高校学生从事个体经营（除国家限制的行业外）的，自其在工商部门首次注册登记之日起 3 年内，免收管理类、登记类和证照类等有关行政事业性收费。

（二）可享受的补贴

对大学生创办的小微企业新招用毕业年度高校毕业生，签订 1 年以上劳动合同并交纳社会保险费的，给予 1 年社会保险补贴。对大学生在毕业学年（从毕业前一年 7 月 1 日起的 12 个月）内参加创业培训的，根据其获得创业培训合格证书或就业、创业情况，按规定给予培训补贴。有创业意愿的大学生，可免费获得公共就业和人才服务机构提供的创业指导服务，包括政策咨询、信息服务、项目开发、风险评估、开业指导、融资服务、跟踪扶持等"一条龙"创业服务。

（三）开设教育课程，强化创业实践

自主创业大学生可享受各高校挖掘和充实的各类专业课程和创新创业教育资源，以及面向全体学生开发开设的研究方法、学科前沿、创业基础、就业创业指导等方面的必修课和选修课，享受各地区、各高校资源共享的慕课、视频公开课等在线开放课程，和在线开放课程学习认证和学分认定制度。自主创业大学生可共享学校面向全体学生开放的大学科技园、创业园、创业孵化基地、教育部工程研究中心、各类实验室、教学仪器设备等科技创新资源和实验教学平台。参加全国大学生创新创业大赛、全国高校技能大赛，各类科技创新、创意设计、创业计划等专题竞赛，以及高校学生成立的创新创业协会、创业俱乐部等社团，提升创新创业实践能力。

（四）政府人事行政部门服务

政府人事行政部门所属的人才中介服务机构，免费为自主创业毕业生保管人事档案（包括代办社保、职称、档案工资等有关手续）两年；提供免费查询人才、劳动力供求信息，免费发布招聘广告等服务；适当减免参加人才集市或人才劳务交流活动收费；优惠为创办企业的员工提供一次培训、测评服务。

二、大学生创业计划书

（一）《创业计划书》

创业计划书是创业者所写的商业文件中最基础的一个。那么，如何编写出一份好的创业计划书呢？创业者应做到以下四点。

1. 市场

创业计划书要给投资者提供企业对目标市场的深入分析和理解。要细致分析经济、地理、职业以及心理等因素对消费者选择购买本企业产品这一行为的影响，以及各个因素所起的作用。创业计划书中还应包括一个主要的营销计划，计划中应列出本企业打算开展广告、促销以及公共关系活动的地区，明确每一项活动的预算和收益。创业计划书中还应简述一下企业的销售战略。

2. 产品

在创业计划书中，应提供所有与企业的产品或服务有关的细节，包括企业所实施的所有调查。这些问题包括：产品的市场前景如何，它的独特性怎样，企业分销产品的方法是什么，产品的生产成本是多少，售价是多少，企业发展新的现代化产品的计划是什么等。把出资者拉到企业的产品或服务中来，这样出资者就会和创业者一样对产品有兴趣。在创业计划书中，创业者应尽量用简单的词语来描述每件事——商品及其属性的定义对创业者来说是非常明确的，但其他人却不一定清楚它们的含义。

3. 行动

企业的行动计划应该是无懈可击的。创业计划书中应该明确下列问题：企业如何把产品推向市场，如何设计生产线，如何组织产品结构，企业生产需要哪些原料，企业拥有哪些生产资源，还需要什么生产资源，生产和设备的成本是多少，企业是买设备还是租设备等。解释与产品组装、储存以及发送有关的固定成本和变动成本的情况。

（二）投资《创业计划书》

创业之前需要建立自己的创业投资计划书，创业投资计划书主要包括以下纲要。

1. 创业内容

创业内容包括创办事业的名称、事业规模大小、营业项目或主要产品名称等，即所创事业为何。先定出所营事业的规模及营业内容，这是创业评估的基础。

2. 信息分析

信息分析是指对于所创事业相关环境进行分析，除了了解相关法令规定之外，对于潜在客户在哪里、竞争对手是谁、切入的角度或竞争手法为何，以及行业服务或产品的市场价格多少、一般的毛利率为何也要有所了解。

3. 资金规划

创业的资金可能包括个人与他人出资金额比例、银行贷款等，这会影响整个事业的股份与红利分配多寡。资金规划就是对先前所设定事业规模下需要多少开办费用（硬件与软件）、未来一年要准备多少运营资金等做出估算。

4. 经营目标

社会环境变迁快速，设立经营目标大多不超过一年。新创事业应参考相同规模同业之月营业额，定出自己的经营目标。

5. 财务预估

财务预估即预估第一年的大概营业收入与支出费用，这些预估数字的主要目的，是让创业者估算出所营事业的每月支出与未来可能利润，明了何时能达到收支平衡，并算出未来经营企业的利润。

6. 营销策略

营销策略包括了解服务市场或产品市场在哪里，同业一般使用的销售方式为何，自己的竞争优势在哪里等。营销手法相当多，包括 DM、电话拜访、现场拜访、商展、造势活动、网络营销等，创业者应搜集这些营销手法的相关资料。

7. 风险评估

企业在创业的过程中可能会遭受挫折，例如行业变动、竞争对手的消长、股东意见不合、执行业务的危险性等，这些风险甚至会导致创业失败，因此风险评估即要列出事业可能碰到的风险以及应对的办法。

8. 其他

其他包括事业愿景、股东名册、事业组织等或创业者特别要向投资者说明之事项。

三、大学生创业注意事项

（一）积极利用现有资源

不少在职人员都选择了与工作密切相关的领域创业，工作中积累的经验和资源是最大的创业财富，要善于利用这些资源，以便近水楼台先得月。对能帮你生存的项目，要优先进行考虑。大学生要积极利用身边的资源，为社会创造更大的价值。

切不可误用资源，在职创业者不能将个人生意与单位生意混淆，更不能吃里爬外，唯利是图，否则不仅要冒道德上的风险，而且很可能会受到法律的制裁。在你的地盘，时间、金钱和才能任由你使用。但是，如果乱搞一气，你的生意就会逆转而下。

（二）合伙创业的处理

有些上班族有投资资金或有一定的业务渠道，但苦于分身无术，因此会选择合作经营的创业方式。如果你需要合伙人的钱来开办或维持企业，或者这个合伙人帮助你设计了这个企业的构思，或者他有你需要的技巧，或者你需要他为你擂鼓吹号，那么就请他加入你的公司。这虽能让兼职创业者轻松上阵，但要慎重选择合作伙伴，在请帮手和自己亲自处理上，要有一个平衡点。首先要志同道合，其次要互相信任。不要聘用那些适合工作，却与你合不来的人员，也不要聘用那些没有心理准备面对新办企业压力的人。

此外，和合作伙伴之间的责、权、利一定要分清楚，最好形成书面文档，有合作双方和见证人的签字，以免起纠纷时空口无凭。

（三）尽量用足相关政策

政府部门有很多鼓励创业的政策，是对大学生创业的鼓励和支持，创业时一定要注意"用足"这些政策，如免税优惠、在某地注册企业可享受比其他地区更优惠的税率等。这些政策可大大减少创业初期的成本，使创业风险大为降低。

参考文献

[1] 蔡贻象，张艳超. 专创一体 产教融合 区域应用型高水平本科院校实践探索 ［M］. 沈阳：东北大学出版社，2019.

[2] 贺星岳，等. 现代高职的产教融合范式 ［M］. 杭州：浙江大学出版社，2015.

[3] 胡赤弟. 产教融合：制度·路径·模式——2017 宁波高等教育研究论坛论文集 ［M］. 杭州：浙江工商大学出版社，2018.

[4] 陈祖继. 新常态下传媒类应用型创新创业人才培养方案及研究论文汇编 ［M］. 成都：西南交通大学出版社，2017.

[5] 郭杰，朱志坚，陶红. 产教深度融合背景下广东高职教育发展创新与实践 ［M］. 长春：北方妇女儿童出版社，2017.

[6] 陈绪兵. 机电创新与产教融合新思考 ［M］. 北京：中国铁道出版社，2021.

[7] 汤晓燕. 基于产教融合背景下的创新创业人才培养探究 ［M］. 北京：煤炭工业出版社，2018.

[8] 喻国铭. 机械创新与产教融合新思考 ［M］. 北京：中国水利水电出版社，2018.

[9] 刘卫民. 财会专业产教融合创新实践研究 ［M］. 长春：吉林出版集团股份有限公司. 2020.

[10] 赵大兴. 机械创新与产教融合新思考 ［M］. 北京：中国水利水电出版社，2017.

[11] 李红，谢芹. 产教融合视阈下行业特色营销人才培养模式研究 ［M］. 长春：吉林人民出版社，2018.

[12] 胡海燕，王莉彦. 基于产教融合人才培养模式的大学生思想教育研究 ［M］. 北京：北京工业大学出版社，2018.

[13] 邢鹤. 基于产教融合人才培养模式的大学生思想教育研究 ［M］. 长春：吉林出版集团股份有限公司. 2018.

[14] 胡雁，潘复超，熊斌，张红梅. 民办高校创新创业人才培养探索与实践 ［M］. 大

连：大连理工大学出版社，2018.

［15］张蕴启. 深化产教融合提升内涵建设水平［M］. 成都：四川大学出版社，2015.

［16］陈建明，杨雪，孟凡婷. 基于校企深度融合的应用型本科创新创业人才培养研究与实践［M］. 徐州：中国矿业大学出版社，2018.

［17］李国庆. 基于校企合作的旅游人才创新创业能力培养研究［M］. 北京：中国水利水电出版社，2019.

［18］顾明远，鲍东明. 创新创业教育研究［M］. 上海：上海教育出版社，2019.